幼儿教师专业发展译丛

幼儿园班级
环境创设和一日生活

Managing
an Early Childhood Classroom

[美] 温迪·科扎 著　曹晓旸 译

南京师范大学出版社
NANJING NORMAL UNIVERSITY PRESS

图书在版编目(CIP)数据

幼儿园班级环境创设和一日生活/(美)科扎著;曹晓旸译.—南京:南京师范大学出版社,2013.12(2024.5 重印)

(幼儿教师专业发展译丛.第2辑)

ISBN 978-7-5651-1614-8

Ⅰ.①幼… Ⅱ.①科… ②曹… Ⅲ.①幼儿园—环境设计②幼儿园——日生活组织 Ⅳ.①G61

中国版本图书馆 CIP 数据核字(2013)第 274254 号

Managing an Early Childhood Classroom

By Wendy Koza

本书简体中文版由南京师范大学出版社在中国大陆地区出版发行。

著作权登记号 图字:10-2011-139 号

书　　名	幼儿园班级环境创设和一日生活
著　　者	(美)温迪·科扎
译　　者	曹晓旸
责任编辑	康黎　吴曼丽
封面图片	童　忻
出版发行	南京师范大学出版社
地　　址	江苏省南京市玄武区后宰门西村9号(邮编 210016)
电　　话	(025)83598919(总编办)　83598412(营销部)　83598312(邮购部)
网　　址	http://press.njnu.edu.cn
电子信箱	nspzbb@njnu.edu.cn
照　　排	南京凯建图文制作有限公司
印　　刷	江苏淮阴新华印务有限公司
开　　本	889毫米×1194毫米　1/16
印　　张	14.25
字　　数	281千
版　　次	2013年12月第1版　2024年5月第7次印刷
书　　号	ISBN 978-7-5651-1614-8
定　　价	33.00元
出 版 人	张　鹏

前言 Foreword

欢迎来到幼儿(preschool[①] child)世界。这一时期的孩子,天性爱玩,不怕脏,喜探索。相信本书的理念和建议,能够帮助您创设充满魅力的学习氛围、创造缤纷的课堂活动来满足孩子们的各种需求。

本书共分六章。第一章"幼儿园阶段的孩子",涵盖了幼儿的各个发展阶段。教师应该对幼儿的个体发展水平、实足年龄和总体发展阶段有所了解。还应具备有关婴幼儿方面的理论知识,并掌握一些适宜孩子发展的常规活动(Gilbert,2001)。此外,本章还包括对两个孩子所做的对比研究、对各种幼儿园教育基本原理的介绍和用于检测幼儿发展情况的测量表。

全美幼儿教育协会始终大力倡导开展各种含有互动学习和有教师积极引导的教学活动(NAEYC,1996)。教师对于儿童早期教育重要性的认识,对孩子未来的成功可以起到至关重要的作用。本章所依据的儿童早期发展原理主要借鉴了该领域的两位先驱人物即意大利医生玛利亚·蒙台梭利和瑞士心理学家让·皮亚杰的理论。蒙台梭利强调应该教授幼儿实用的生活技能,以及需要动用感官的各种操作能力,并逐渐增加其难度(Gartell,2007)。她的这一理念,在创建适宜幼儿的活动中已被广泛接受。皮亚杰的理论——通过动态的活动,来了解孩子的发展——在幼儿教育工作者中也影响深远。他在书中非常明确地向我们描述了孩子认识世界应该经历的几个过程和模式(Piaget,1973)。只有教育工作者对孩子发展的重要性有着深刻认识,并且能接纳适宜该年龄阶段幼儿发展的教学活动,幼儿园教学项目和计划的成功实施才能得到保障。

---

① 译者注:在美国,kindergarten 针对 5 岁的儿童,即小学教育前一年;pre-kindergarten 指的是 kindergarten 之前的一年,针对的是 4 岁的儿童;而 preschool 针对的儿童年龄通常低于 5 岁。但此规定因不同的州而异。

本书的第二章“教室与材料”，包括教室的空间安排和活动区角中心的介绍。借助“活动区角”这一平台，可以引导孩子观察和探究真实的物体，以发展其观察能力、促进其掌握解决问题的技能(Chrisman，2005)。如今，依托“活动区角”的教学安排已被认为是最好的学前教育的常规方式。教室环境的设计应清楚地体现出对孩子的培养期待(Fridman，2005)。本章的“教室布局平面图”(floor plans)部分，对能够有效促进学习的空间安排进行了清晰的演示。在教室里设置适宜的“活动区域”，可以产生显著的教学效果，也是创建适宜孩子发展活动在物理空间方面的体现(Gartell，2007)。概括地说，本章向读者呈现了教室空间布局的实例，如何维护教室里的设施以及保存可供每个活动中心自测的设施检测单。

第三章“幼儿园的一日生活”，描述了幼儿园的一日活动安排。一百年前蒙台梭利就发现幼儿喜爱条理性和连贯性(Gartell，2007)。孩子在有结构的、熟悉的环境里会感到安全，这种环境对他们的生长和发展有利。为此，幼儿园的一日活动安排应该具有以下特点：活动间的连贯性、活动转换时的自然性、活动的常规性。简单地说，本章介绍了幼儿园活动安排中的各种要素，提出了设立常规活动的建议。

第四章是“计划”。幼儿教师应该了解如何建立长期、短期和每日教学计划，熟悉相关实例和教具，这样可以有助于顺利地做好一年的教学计划。我们建议教学应是基于“活动区域”的主题教学。将课程知识巧妙地融进主题活动之中，可以让孩子们体会学习的用途和意义(Gartell，2007)。本章所推荐的教具，可以帮助你建立一个能够促进孩子在活动中不断学习和发展的教学计划。体验游(field trips)也包含很多教育功能，如使孩子置身于新事物当中以便亲身体验，或者让他们用新方式去认识已经熟悉的旧事物等(De Marie，2001)。因此，本章还介绍了体验游的理念和一些相关的做法，以供参考。

“班级管理”是本书的第五章，涉及教师与家长间的沟通、课堂志愿者、孩子行为管理以及操行评定。家长的积极参与会极大地影响孩子的成就(Turner，2000)。通过本章内容，你将学会如何与家长进行最有效的沟通，从而成功说服他们成为对你的教学极有帮助的志愿者。书中推荐了一些有效的沟通方式，如“月度信函”、“教学月历”等。有效的班级管理还包括用正面的方式引导和管理孩子的行为。为此本章介绍了一些有效方法用以鼓励孩子自主解决冲突、建立课堂规则、为自己的行为负责等。作为活动组织者的教师，要不失时机地对孩子所付出的努力以及所取得的成就表示赞赏并做好记录，这一点非常重要(Gartell，2007)。总之，本章会就如何有效管理教学给你提供有益的指导。

第六章也是最后一章“语言能力”，旨在关注为每一个孩子及其成长提供多样的评估方式，并提出成功举行家长—教师会谈的建议。此外还推荐了一些可以帮助孩子为日后的阅读做好准备的方法。今天的人们普遍认为教师应该对孩子的学业成就担负责任。为此，授课计划应针对每一个孩子的个体需求，而对孩子学习的评价是该授课计划不可或缺的一部分。本章介绍了最新的评价方式，如作品集（portfolios）、轶闻实录（anecdotal records）以及课堂观察。人们越来越关注早期教育，这一点为我们重新审视原有的评估方式并创立新的评价机制提供了机遇（Crisham-Brown，Hallam，and Brookshire，2006）。好的评估方式可以最大程度地促进孩子的学习。希望本书能为你创造这样的评估方式提供灵感。此外，你还会从中获得一些策略来帮助你建立良好的家长—教师关系。

贯穿全书的教学“小窍门”，是送给各位幼儿园教师用于改进幼儿园教学活动的好主意和好建议。这些“小窍门”都来自一位资深幼儿园教师的亲身实践，相信你会有如获至宝的感觉，并迫不及待地想在你的教学实践中加以应用。

作为幼儿园教师，你有义务引领孩子进入学校的世界。为此，你需要为你班级里的孩子，计划并组织有意义的活动。在有安全感的、不带批评的、能获得建设性反馈意见的环境里，孩子能全身心地投入到有意义的活动中去，并由此获得成就感（Fromberg，1998）。本书推介的各种理念与活动，均强调——孩子参加的游戏和活动必须有意义。希望本书能为幼儿教师创建高质量的幼儿园教育项目打下坚实的基础。相信通过对本书的理念加以实践，你能为你班级里的所有孩子，创建一个可以走向成功的、高质量的教育项目。

目录

幼儿园阶段的孩子

The Preschool Child

发展状况

身体发育

父母因为各种原因送孩子上幼儿园。有些父母为了开发孩子的认知能力，有些父母为了发展孩子与其他同龄孩子的社会交往能力……无论哪种原因，你的工作是教育所有的孩子。从出生到 5 岁是一个孩子在所有方面成长发展变化最显著的阶段。想想看，一个新生儿学会了翻身、爬行、行走、说话以及独立大小便，然后学会了参加各种有组织的体育活动、写故事等，而所有这一切，都发生在短短的几年之内。

孩子在身体、认知、语言、社会交往以及情感方面的发展速度因人而异。不是所有的孩子在 1 岁时都能学会说话。有些孩子 9 个月大时就开口说话了，而有些孩子则要等到 14 个月才有相同的经历。在讨论孩子正处于哪一个发展阶段时，我们不仅要考虑年龄因素，还要考虑个体因素。所有的孩子在每种技能的发展过程中遵循同样的次序，只是有些技能要花相当长的时间才能掌握，而有些技能只需几天而已。比如，孩子总是先学会走再学会跑，先学会涂鸦再学会画规则的圆圈。

发展阶段

1 岁的孩子	**2 岁的孩子**
• 被看作“学步儿”或大宝宝。 • 生活中充满着冒险和新的经历。 • 开始坐在餐桌旁进食一日三餐并开始学走路。	• 被看作“学步儿”。 • 大多已能正常行走。 • 开始体验“界限”和“限度”的概念。 • 开始用语言与人交流。

<table>
<tr>
<td>

3 岁的孩子

- 被看作“学龄前幼儿”。
- 开始学习独立大小便。
- 能够说完整的句子并能和同伴交流。
- 能集中注意力约 10 分钟。
- 知道大部分颜色和物体形状、能够分辨出自己的名字。

</td>
<td>

4 岁的孩子

- 能够集中注意力 10～15 分钟。
- 可以写出自己的名字。

</td>
</tr>
</table>

5 岁左右的孩子在进入学前班(kindergarten)之前应该具备以下能力：

- 能够辨认并写出大部分英文字母。
- 能够将字母发音与字形一一对应。
- 对抽象概念有一定的理解力。

上学前班之前的男孩和女孩在身体发育方面差异不大。2～6 岁的女孩只比同龄的男孩略小、略轻而已。5 岁女孩的平均身高是 109 厘米，体重 18 公斤；而 5 岁男孩的平均身高是 112 厘米，体重 20.25 公斤。从 3 岁开始，孩子的肌肉张力增加，身体脂肪减少，使得孩子看起来比较单薄。不过请记住，孩子的生长模式并非千篇一律，而是因人而异的。

大肌肉动作

大肌肉动作指的是孩子移动整个身体的能力以及其空间意识。

- 大肌肉动作技能包括：单足跳、双足跳、弹跳、奔跑以及攀爬。
- 4 岁前，孩子的游戏和大肌肉群活动应该具有一定的冒险性且孩子愿意尝试冒险。
- 大肌肉群的发展需要练习。如鼓励孩子利用以下室外器械来进行日常活动：平衡木、球类、自行车以及其他快节奏的活动。这些都可以提高肌肉的协调性。
- 鼓励孩子在室内跟随不同音乐来移动身体，这样可以锻炼其身体移动能力。

小肌肉动作

- 小肌肉动作指的是孩子可以使用并控制手部小肌肉的能力。
- 小肌肉动作技能对于涂色、写字、画画和剪切非常关键。
- 孩子小肌肉动作的发展变化主要发生在 3～5 岁之间。
- 3 岁的孩子可以穿大珠子、垒三个积木，不过做这些还有点困难；也能试着将小物件往洞里塞。
- 5 岁的孩子可以玩拼图，能够连续追随一个物体，画不同的形状，正确握住书写工具并能书写字母。

4～5 岁孩子的身体发育(大肌肉动作)发展检测单

姓名________________

- ❑ 能理解“上面、下面、穿过”等词语
- ❑ 能够在自己的位置上游戏
- ❑ 平衡木
  - 能够向前走
  - 能够向后走
  - 能够越过物体向前走
- ❑ 跳跃技能
  - 能够在蹦床上弹跳
  - 跳绳
  - 立定跳跃
- ❑ 荡秋千
- ❑ 身体移动技能
  - 奔跑
  - 横步跑
  - 单腿跳
- ❑ 横向走
- ❑ 控球
  - 能够将球向下抛
  - 能够将球向上抛
  - 能够拍球
  - 能够在距球 1.2 米远处接球
  - 能够向目标处投掷沙包
- ❑ 踢球
  - 能够踢静止的球
  - 能够踢滚动的球
- ❑ 骑三轮车
- ❑ 吊单杠
- ❑ 前滚翻
- ❑ 能够双脚替换下楼梯
- ❑ 能够将球击过中线
- ❑ 能够跨越障碍跳

4～5 岁孩子的身体发育(小肌肉动作)发展检测单

姓名__________________

- ❑ 稳定的用手习惯
- ❑ 临摹字母
- ❑ 在涂色、画画、剪切及写字时具备一定的控制能力
- ❑ 使用剪刀
    - 能够正确握住剪刀
    - 能够沿着直线剪切
    - 能够沿曲线剪切
- ❑ 穿衣技能
    - 会拉拉链
    - 会扣纽扣
    - 会按摁扣
    - 会系搭扣
    - 会系鞋带
- ❑ 使用教具
    - 能够自如使用小教具
    - 能够搭小积木
    - 能够完成一个 10 片的拼图
    - 穿珠子
    - 能够将小木夹放入洞中
- ❑ 能够画出具备各身体部位(头、躯干、腿、胳膊)的人形

认知发展

认知能力

孩子的认知能力包括以下内容:活动时集中注意力,完成一项任务,以及辨认物体的形状、颜色、类别,从而最终能辨认字母。但孩子的学习方式有个体差异。帮助孩子发展认知能力的关键是让孩子亲自探索(exposure)。孩子亲自探索获得的发现非常有意义,并将长久地保存在他们的长期记忆中。比如两个孩子一起进行如下活动:一个孩子用又扁又平的容器装水并往一个又高又细的容器里倒,另一个孩子在旁边观看。他们会发现这两个容器在尺寸和形状上不

同，但却可以装同样多的水。这种活动还可以为孩子提供社会交往的机会，并帮助他们发展语言能力；可以为孩子们创设情境，以便让他们自己去分辨、计数以及动手操作。这样做有助于他们认知能力的发展。

进入 4～5 岁年龄班(pre-kindergarten)孩子的认知能力

• 4～5 岁的孩子已经能玩组装、拼接和分类的游戏，并能耐心将游戏做完。

• 5 岁的孩子可以背诵字母表，能辨认绝大部分字母，还能认出一些印刷品上的简单单词。这些是学习阅读的最初阶段做的事。

随着孩子的成长，他们的抽象思维能力也在增强。

• 2～3 岁的孩子很难理解"时间"概念，如"明天"这个词指的是将来发生的事，"昨天"这个词指的是过去发生的事。

• 到 5 岁时，孩子对"时间"有了概念。他们能够明白一天当中的不同阶段(早晨、中午和晚上)，也能区分不同的季节。

为孩子们提供亲自动手操作的机会越多，就越能发展他们的抽象思维能力、专注力以及整体认知能力。

4～5 岁孩子的认知能力检测单

姓名__________________

❑ 能够机械地数数	❑ 能辨认不按顺序排列的数字
❑ 书写数字	❑ 理解方位术语
能说出以下几何图形 ❑ 圆形 ❑ 正方形 ❑ 长方形 ❑ 椭圆形 ❑ 心形 ❑ 星形 ❑ 六边形 ❑ 八边形	能辨认以下常见颜色 ❑ 红色 ❑ 橘红色 ❑ 黄色 ❑ 绿色 ❑ 蓝色 ❑ 紫色 ❑ 粉红色 ❑ 棕色 ❑ 黑色 ❑ 白色
❑ 能够就尺寸和数量进行比较	❑ 辨认并写出自己的名字
❑ 能辨认朋友的名字	❑ 能认出大写字母
❑ 能认出小写字母	❑ 能写出字母

续表

❑ 能听辨字母的发音	❑ 认识儿童常用词①
❑ 能与他人合作讲故事	❑ 能用完整的句子表达想法

语言发展

语言发展

语言发展指的是孩子说话、阅读和书写等各项能力的发展。孩子学习说话与学习行走一样都有赖于个体的发展。2 岁的孩子只能用 1～2 个字(词)来表达想法。慢慢地他们能将一个个单词串在一起形成句子。到 5 岁时他们的词汇量能达到几千个。他们能够和成人进行长时间的对话,还能自己编讲简单的故事。孩子从开始说话到发展出成熟的语言,只需短短的几年时间。鼓励孩子间彼此对话,或者和成人对话,对于他们语言能力的发展非常重要。

促进语言发展

你可以尝试以下做法来帮助发展孩子语言能力。

- 给孩子足够的时间,让他们思考自己想表达什么。通常家长和成人们总是急于替孩子说出他们想要说的话,从而剥夺了他们发展语言的机会。
- 口吃会发生在 3～4 岁阶段。这一阶段的孩子思维速度比语言速度快,所以就会出现口吃现象。如果你或是孩子的父母感觉孩子的口吃已较为严重,则需要带孩子去看专业医生并做相应的鉴定。大多数情况下随着孩子的成长,口吃会逐渐消失。遇到这种情况时,不要着急,给孩子一些时间。
- 积极聆听孩子所说的话。如果孩子说:“我今天听见直升机的声音了。”那么你就问他:“你认为直升机是要到哪里去啊?”给孩子一些时间来做出反应。

---

① 译者注:儿童常用词(sight words),此概念是由美国学者 E. W. Dolch 提出的,指儿童读物中最常见的 220 个单词。据研究,这些词在儿童读物里的出现频率高达 60%～85%。也就是说,认识了这些单词,即可理解读物 60%～85%的内容。这些词包括 I,can,jump,walk 等。

- 鼓励孩子谈论他们知道的东西。“分享日(Share Day)”和“展示—说明会(Show-and-Tell)”是两个完美的活动,可以为孩子们提供展示并谈论从家里带来的物品的机会。孩子总是比较容易去谈论他们熟悉的东西。

小窍门

将教室里摆放的物品贴上标签,也可以发展孩子的语言能力。可以单独使用图片或文字(也可以同时使用)来标注教室里的物品应该摆放在哪里;或者标明每个储藏柜、收纳箱以及小房间里所陈设的物品。用这些物品的专有名词进行标注——如水粉颜料、蛋彩画等。

大声朗读

每天向全班朗读是个很重要的活动,因为它彰显了文学作品对人的重要影响力,同时还可以自然地向孩子介绍新的词汇。让孩子接触不同体裁的文学作品,如长篇故事、诗歌、有韵律的读物等,可以帮助孩子发展语言能力。朗读是一种有趣的、让人快乐的学习方式。

鼓励你班上的孩子参与朗读活动,而不是坐在一旁被动地聆听。激发孩子提问,鼓励他们预测接下来的故事中会发生什么。这种互动式阅读会培养孩子长大以后对阅读的热爱之情。

小窍门

孩子们可以听懂超出他们实际阅读年龄好几年的故事。

听觉与语言发展

孩子是通过模仿他们所听到的声音来学习说话的。如果不能正确地听某一个音,他们就无法正确地跟读或模仿。语言能力的获得与发展取决于孩子的听觉水平。

《公法》第 98 条第 199 款规定

- 本法向需要特殊服务的儿童提供经济援助。
- 本法适用于所有自出生至 3 岁期间有特殊需要的儿童。
- 特殊需要儿童的特征包括:听觉丧失、视觉缺陷、身体残疾以及智力障碍。

《公法》第 94 条第 142 款规定

《残疾人教育法案》

- 本法确保所有儿童均能获得免费且适宜的公共教育。
- 本法案适用于所有 3～21 岁的个人。

如果你发现班上有孩子说话口齿不清或声音如同从鼻子中发出的一般，应该建议其家长带他去看专业的儿科大夫，并做听觉能力检查。在初步诊断之后，家长应该向相关专家请求帮助，同时应告知学校所在地区的教育主管部门。

社会性—情感发展

家庭结构

现代社会中的家庭结构形式多种多样。这些状况成了影响孩子社会性—情感发展的主要因素。这些家庭结构形式主要包括——

- 双亲家庭；
- 分居或离异家庭，但父母双方共同承担孩子的抚养义务；
- 单亲家庭；
- 同性父母家庭；
- 继亲家庭；
- 祖孙两代组成的家庭(由祖父母抚养孩子的家庭)；
- 双亲家庭，但父亲或母亲一方出外工作，另一方待在家里抚养孩子。

作为教师，你应该保持一种开明的胸怀，接纳来自每一种家庭结构形式的孩子。

养育方式

每个家庭养育孩子的风格各不相同，他们都会按照自己的方式抚育孩子。

- 你会遇到这样的父母：他们完全控制孩子的一切，不让孩子自己做决定，不允许孩子独立于他们。所以这些孩子在一种新的情境中，会因为父母不在身边，没人告诉他该说什么或做什么而感到痛苦，不知所措。
- 你还会遇到这样的父母：他们对孩子放任自流，孩子要什么就能得到什么。这些父母总想成为孩子的朋友，不愿看见孩子“长大”。他们不能接受孩子生自己的气，也听不得孩子说“我讨厌你”。这样的孩子从不会对老师或班里其他的孩子表示尊重，因为他们仍然处在“自我中心”的状态中。
- 当然你也会遇到这样的父母：他们已经为孩子设立了规则与界限，但同时也允许孩子在规则范围内自主做决定。这些父母对待孩子的态度既充满着爱又有原则性。这样的孩子既有规则意识，又有独立决策的意识。

以上这些家庭情况和养育方式都会影响孩子的社会性—情感发展，你会在教学工作中一一遇到。

个性

孩子的个性也会影响他（她）在教室里的表现。有些孩子天生安静，言语很少；有些孩子生来就是一个社交高手，能同时和所有人说话。和成年人一样，孩子的个性与生俱来。但作为教师，你可以对孩子的自尊和自信施加积极的影响。花一些时间一对一地和孩子待在一起，以此来走进他们，了解他们。

经历

你对班里新成员的认识，往往仅限于孩子父母对他（她）的介绍。但父母对某一情境里所发生情况的诠释，未必能反映出孩子的真实感情。比如，家长会向你介绍说：“约翰尼原先在一个家庭日托所，是那儿最大的孩子，现在应该可以和他同龄的孩子一起玩了。”孩子家长的描述可能属实，但是孩子对于原先日托所的感受是怎样的？对于现在环境的改变又有什么样的感受？在原先的日托所，是否因为年纪最大而被忽视？日托所的保育员对他（她）是否如母亲一般，从而使他（她）感到恋恋不舍、若有所失？你对孩子的过往经历可能毫无了解，而所有这些经历，无论是正面的还是负面的，都会影响到他（她）的社会性—情感发展。对待这些孩子需要你像对待那些“社交高手”一样付出同样的爱心和热诚。

小窍门

如果你注意到孩子的行为在较短的时间里发生了急剧的变化，请询问家长家中是否发生了变故——是否遭遇亲人离世或父母离婚。像这样的家庭变故会影响到孩子的安全感。你和家长对这些事变的处理方式会对孩子带来积极或消极的影响，因此我们强调教师—家长间的沟通是必要的。

做游戏

随着孩子的不断成长与变化，他们的游戏也应该随之变化。

- 一群 2～3 岁的孩子正在沙箱里玩耍。你以为他们一起玩，其实他们可能是在做平行游戏。
- 平行游戏是指相互模仿着使用同样的工具在玩。这些孩子并没有一起做游戏，只是用着同样的工具罢了。
- 随着孩子的成长，他们在游戏中应该需要彼此的言语沟通和相互配合，如角色扮演或有组织的游戏。

作为教育工作者，你应该接纳孩子的一切，并努力培养每一个孩子的自我意识和积极的自尊。鼓励孩子相互交朋友，支持他(她)由自己来做决定。班上的每个孩子都能得到同样的认可，每个人的情感和观点都能得到重视，从而帮助孩子建立对班集体的归属感。孩子们所在的班集体将是他们情感—社会性发展的起点。

对艾丽莎和萨米的观察

以下是对两个不相干的孩子所做的观察记录。

- 这两个孩子的年龄整整相差一岁(精确到生日)。
- 都是女孩,上的是同一所托儿所。
- 各自同自己的父母生活在一起。

艾丽莎:5 岁零 3 个月

- 6 个月大时开始上托儿所。
- 是家里两个孩子中的老大。
- 3 个月以后就要上学前班。

萨米:4 岁零 3 个月

- 已经入托 1 年。
- 是家里 5 个孩子中的老小。
- 还要过 1 年才可以上学前班。

	艾丽莎	萨米
小肌肉动作		
• 固定的用手习惯	右手	右手
• 小肌肉控制能力(如涂色、绘画、剪切、写字)	很好	不错,握笔的姿势正确
• 正确使用剪刀的能力	不错	不错
• 拉拉链、扣扣子、按揿扣、用搭扣	非常自如	还不行

续表

	艾丽莎	萨米
• 系鞋带	系得很紧;只需稍作练习	不行,还不知如何开始
• 自如使用小教具	经常选用不同的教具	可以,但只使用大的教具
语言发展		
• 言语清晰度	不错,且喜欢和他人交谈	不错,口齿较清晰
社会性发展和行为习惯		
• 和其他孩子自由交谈	是的,她非常喜欢和其他孩子交谈	是的
• 和其他孩子一起玩	她正在学习独立解决问题	是的,她喜欢和他人一起玩,有很多朋友
• 参加有组织的集体活动	是的,她总是乐于参加	只参加小群体的活动
• 显露出对他人的关心和尊重	是的,她尊重长辈	是的
• 练习自控能力	是的	是的
• 遵守教室规则	知晓所有的规则,并且自觉遵守	是的
• 为班级做些力所能及的事情	喜欢帮助他人,不计回报	是的
• 表现出自信	非常明显	是的
• 参加集体活动很专注	通常是,偶尔需要他人引导	是的
• 积极参与小组讨论	是的,她总能提出很多想法	是的
• 听从口令	是的,能接受 2~3 步口令	能接受 2 步口令
• 独立完成任务	是的,且注意力集中	是的
• 耐心完成任务	是的,对待要做的任务细致入微直至最终完成	是的
数学发展		
• 机械数数	可以数到 39	从 1 数到 14
• 辨别未按顺序排放的数字	能辨别 1~11	还不能
• 写数字	可以写出 1~11,但是 2 和 3 顺序放错	还不能
• 理解序数词(第一到第五)	理解从“第一”到“第五”的概念	还不能

续表

	艾丽莎	萨米
• 说出几何图形：圆形、正方形、长方形、椭圆形、心形、星形、六边形、八边形	能说出所有这些形状	能说出圆形、正方形、心形、星形、六边形
• 在尺寸和数量方面做比较	知道使用“小”、“中”、“大”、“少”、“多”这些词	知道使用“空”、“满”这些词
阅读和语言能力		
• 辨认和书写自己的名字	是的，包括姓和名	能认出昵称“萨米”，但认不出学名“Samantha”
• 辨认朋友的名字	是的，能认出班里所有孩子的名字	能认出一些朋友的名字
• 辨认基本颜色：红色、橘红色、黄色、绿色、蓝色、紫色、粉色、棕色、黑色、白色	是的，能认出所有这些颜色	能认识红色、橘红色、黄色、绿色、蓝色、紫色、白色、黑色、灰色。但会把棕色说成灰色
• 辨认大写字母	是的，可以认出 26 个字母	还不能。已经知道大写字母的发音，但不能将发声和字形相对应。
• 辨认小写字母	是的，可以认出 26 个字母	还不能
• 书写字母表	是的，可以写出 26 个字母	还不能
• 辨识同韵的单词	是	还不能
• 听辨字母的发音	能辨别出大部分字母发音	还不能
• 辨认儿童常见词	能认出：什么、狗、猫、快乐（良好的开端）	只有她自己的名字以及少数几个朋友的名字
• 参与小组讲故事	经常	是的，喜欢讲故事
• 用完整的句子表达想法	是的，她的沟通和语言表达能力很好	是的，用简单的句子
大肌肉动作		
• 身体—空间意识——了解自己的身体及其相对于其他物体和人之间的空间意识		
• 理解“上面”、“下面”、“穿过”的意义	是的，而且可以作出示范动作	是的，而且可以作出示范动作
• 在个人的空间里玩耍	很自如	是的，她已经有了个人空间意识

续表

	艾丽莎	萨米
平衡		
• 在平衡木上往前走	是的,非常自如	是的,但需全神贯注
• 在平衡木上往后走	是的,非常自如	还不行
• 在平衡木上越过物体往前走	是的	是的,但走得很缓慢
动态平衡——能保持身体在空中的稳定性		
• 在蹦床上跳跃	是的	是的
• 单腿跳	是的	还不行,但可以快速奔跑
• 跳绳	是的	还不行
• 立定跳	是的	还不行
身体协调性——能够平稳地、有节奏地运用身体的一侧、另一侧、上部和下部		
• 荡秋千	是的,可以自己开始	还不能
• 奔跑	是的,很自如	是的,很自如
• 快速奔跑	是的	是的,很自如
• 四肢着地爬行	是的	是的
• 双足跳跃	没有关于艾丽莎的此项记录	是的
• 单足跳跃	左右脚都可以	左右脚都可以,但听到要求她单足跳跃的指令后,她有些不确定,想扶着桌子。放开桌子后,只跳了一次
• 横向爬行	是的	是的
• 四肢并用爬梯子	是的	看起来比较犹豫、不适应
追踪——与个人空间之外的人和物一起完成某个任务		
• 使气球飘在空中不落地	是的,5 次将气球击打回空中	是的,击打 3 次
• 接住离她 1.2 米处的气球	是的	只能接住离她 60 厘米处的气球
中线概念——越过中线和其他物体发生接触的游戏能力		

续表

	艾丽莎	萨米
• 横向走	是的	还不能
• 可以越过中线击打物体	是的	还不能，只会运动上肢
手眼/眼脚协调能力——协调运用眼、手和脚的能力		
• 低手投球(不过肩)	是的	是的，可以往下击打物体
• 举手投球(过肩)	是的	是的，可以往上击打物体
• 向标靶投掷沙包	是的，很准	是的，投掷动作自如
• 骑三轮车	是的	是的
• 踢静止的球	是的	是的
• 踢滚动的球	是的	还需要练习
• 拍球	是的	只能弹起一次，还需要练习
上肢力量和柔韧性		
• 吊单杠	是的	感觉这样不舒服
• 只用上肢匍匐前行	是的	还需要练习。她忍不住要抬腿
• 前滚翻	是的	是的

对艾丽莎的观察小结

运动发展

艾丽莎的小肌肉动作和大肌肉动作均发展良好。她能够正确使用剪刀、握笔，而且使用摁扣、拉链和搭扣均没有问题。大肌肉群发展也与其年龄相适宜，跳绳、单足跳、蹦跳和跳高都很自如。此外，她还有着良好的身体平衡能力和协调性。

社会性—情感发展

艾丽莎的社会性—情感发展和行为习惯与其年龄相适宜。艾丽莎尊重他人，听从指令，能和同伴共同商议解决问题，不过分依恋父母，是个自信且专注的孩子。

数学概念与认知发展

艾丽莎的数学概念和认知能力显示她已经可以上学前班(kindergarten)了。她可以书写、辨认所有的字母(包括大小写),读出一些简单的常用词,辨别展示给她的各种形状;她理解数量概念,还能够从1数到39。

评语

艾丽莎自信、快乐,乐意待在学习的环境中。种种迹象表明,她已做好准备来迎接学前班的各种新鲜挑战。

对萨米的观察小结

运动发展

萨米的小肌肉运动技能的发展已显示出良好的开端。她能够正确握笔、比较自如地使用剪刀,这些技能都是学习绘画所必需的。此外,萨米的大肌肉运动能力发展也与其年龄相适宜,能够(快速)奔跑、骑自行车,很好地控制身体各部位。

社会性—情感发展

萨米快乐,喜爱上学,具有积极的自尊。她依恋妈妈的情况较少,有很多朋友,能用语言正确表达自己的感情。

数学概念和认知发展

萨米的认知能力发展和对数学概念的理解力与其年龄相适宜。在上学前班之前还有一些东西要学,比如她已经能够说出大部分展示给她的形状,但还对一种颜色不够确定。虽然她目前还无法认出任何一个字母和数字,但她很有潜力在接下来的一年里学会这些。

评语

萨米快乐,喜爱上学,遵守班级规则,尊重同伴和老师,能够在接下来的一年里为上学前班做好准备。

艾丽莎的自画像

萨米的自画像

艾丽莎与萨米的对照分析

艾丽莎和萨米出生于同一天，但年龄正好相差一年。在做此项对比评估时，艾丽莎 5 岁 3 个月，萨米 4 岁 3 个月。这两个女孩上的是同一所幼儿园，由不同的教师教授，但她们在幼儿园里的经历非常相近。

本项观察的目的是揭示在一年时间里，孩子可以在不同方面有哪些发展。

	艾丽莎	萨米
运动技能	小肌肉运动和大肌肉运动技能均发展良好。使用剪刀、握笔以及使用摁扣、拉链和搭扣均没有问题。大肌肉运动发展也与其年龄相适宜，跳绳、单足跳、蹦跳和跳高都很自如。此外，她还有着良好的身体平衡和协调性。	小肌肉运动发展方面已显示出良好开端。能够正确握笔，比较自如地使用剪刀。这些能力都是学习绘画所必需的。此外，萨米的大肌肉运动发展也与其年龄相适宜，能够(快速)奔跑、骑自行车，能够很好地控制身体各部位。

小肌肉运动技能

两个孩子都能够正确握笔、比较自如地使用剪刀。

- 艾丽莎能够扣纽扣、按摁扣、拉拉链。
- 萨米在完成需要注意力集中的小任务方面还有些困难。

自画像

- 艾丽莎能够画出圆圈，并在其中加入诸如耳朵这样的细节。此外，她还能够在画中添加手指和脚。可以书写自己的名字。
- 在萨米的自画像中，她从纸张的上端落笔，然后又向下拉扯画出一个圆圈作头部。试图写出自己的名字，但只写了 4 个无法辨认的符号。

大肌肉运动技能对比

- 两个孩子的大肌肉运动技能与其年龄相适宜，积极活跃、精力充沛，喜爱室外活动。
- 艾丽莎已经能够完成较难的大肌肉运动项目，如跳绳、自己荡秋千。
- 萨米已经掌握了大肌肉运动的基本技能，如(快速)奔跑、跳跃、单足弹跳，并开始有了个人空间意识。

续表

<table>
<tr><td>社会性—情感发展</td><td>艾丽莎的社会性发展和行为习惯也与其年龄相适宜。她尊重他人，听从指令，能和同伴共同商议解决问题，不过分依恋父母，是个自信且专注的孩子。</td><td>萨米快乐，喜爱上学，有着积极的自尊。依恋妈妈的情况较少，有很多朋友，能用语言正确表达自己的感情。</td></tr>
<tr><td colspan="3"><u>社会性—情感发展对比</u>
• 在与同伴共同商议解决问题方面，艾丽莎表现得要成熟一些，能够接受三个步骤的指令。
• 没有大人指导，萨米还不具有解决问题的能力。她能够接受两个步骤的指令。偶尔表现出对父母的依恋。
• 两个孩子的语言表达能力都很优秀，都能和同伴自如交流，口齿清晰易懂。</td></tr>
<tr><td colspan="3"><u>数学概念和认知发展对比</u>
• 艾丽莎的数学概念理解力和认知能力显示她已经可以上学前班了。她可以书写、辨认一整套大小写字母，读出一些简单的常用词，分辨各种形状，理解数量的概念，还能够从 1 数到 39。
• 艾丽莎能够辨认并写出所有字母的大小写，还能读出一些简单的单词。
• 艾丽莎能够读出数字 1～11，还能连续数数到 39。
• 萨米的认知发展和数学理解力与其年龄相适宜。在上学前班之前还有一些东西要学，比如她虽然已经能够说出大部分形状，但对一种颜色不够确定。尽管她目前还无法认出任何一个字母和数字，不过在接下来的一年里她还有很大的提升空间。
• 萨米还不能辨认并读出任何一个字母。
• 萨米还不能辨认并读出数字，但可以连续数数到 14。</td></tr>
</table>

对比

通过以上的对比记录，我们可以看出这两个孩子都处在与她们各自年龄相适宜的发展阶段。在儿童的早期阶段，孩子的成长和发展速度是惊人的。对于成人而言，一岁的差异可以忽略不计，但对于幼儿来说，一岁之差却意味着处于不同的发展阶段。在一年之中孩子会长大，并在认知、自我控制、注意广度等方面有极大提高。萨米今年 4 岁，快乐、健康，各方面技能发展良好。在接下来的一年里，她还会在各个方面继续成长发展。艾丽莎是个典型的 5 岁孩子，已掌握了可以帮助她在学前班继续成长的各种技能。明年她不仅要学习加减法，还要学习阅读。

学前班(kindergarten)报名规定日期

有些州的学前班报名规定日期是 12 月 2 日，而有些私立学前班却将规定日期定在 7 月 1 日。这些规定日期的意思是孩子必须在那天或那天之前已满 5 岁。如果一个孩子的生日恰好在 12 月 2 日之前，那么她在 9 月入园时才 4 岁多。这意味着一个 4 岁多的孩子可能会和到 12 月 3 日就满 6 岁的孩子被分在同一个班级。另外有些父母决定推迟一年再将孩子送去学前班，所以入园的孩子中也有已经 6 岁的。艾丽莎和萨米的对比分析告诉我们，一岁之差其实可能意味着巨大的发展差异。

我们要从每个孩子个体的角度，去看他们在各方面的发展情况。有时候父母会延迟一年送孩子去学前班，原因可能是想在孩子开始正规的学校教育之前，多给孩子一年时间去培养他(她)的自信心，抑或是提高他(她)在其他方面的能力。如果你的班上有孩子尚未做好上学前班的准备，不妨向他(她)的父母坦言你的担心，因为一岁之差会产生巨大的发展差异。

教育理念

发展适宜性教育

在幼儿教育方面有三种主要理念和方式。

发展适宜性教育

全美幼儿教育协会(National Association for the Education of Young Children,简称NAEYC)大力倡导"发展适宜性教育"(Developmentally Appropriate Practice)。

- 该理念倡导开展与每个孩子的年龄和个性相适宜的活动。
- 一个发展适宜性的教室所使用的教学大纲应该能满足所有孩子的需要。比如让一群3岁的孩子坐在桌前,练习在一张纸上描字母,这就是一个适宜他们发展的"纸笔"活动。如果有个3岁的孩子问老师如何写"M",老师应该演示给这个孩子看,以满足这个孩子的个体需要。

在这样一个发展适宜性的教学环境中,人们能看到大量专为发展孩子积极自尊、社交技能、合作能力和解决问题能力而设计的活动。

- 多数时间里孩子都在做、在交流、在思考,而不是坐在一边被动地看和听。

蒙台梭利教育法

玛利亚·蒙台梭利在20世纪早期创立了这种教育模式。

- 这一理念支持孩子的自然发展。在学习方面,玛利亚·蒙台梭利认为我们应该完全以孩子为中心,关注他们,追随他们。
- 在蒙台梭利幼儿园中,孩子们有大段大段的时间可以自由地从一个课堂活动转入另一个课堂活动,期间很少被打扰。
- 教师所使用的教具是手工制作的,并可以根据需要进行校正。在玛利亚·蒙台梭利幼儿园里,你是找不到电动玩具的。

瑞吉欧·埃米利亚教育理念

这种理念是由意大利的瑞吉欧·埃米利亚于“二战”后不久创立的。

- 瑞吉欧·埃米利亚型教室里所使用的教学大纲是由孩子们自己制订的。
- 学习的主题也是和孩子们聊天获得的。
- 教师的角色是提供教具，并且鼓励小型和大型的教学活动。
- 教室内外都被用作学习的场所。

小窍门

教学其实就是根据你和你教室里孩子的需要，选用合适的理念和方法。换言之，关注孩子的整体发展，尽量满足他们的个体需求，记住这一点就足够了。

教室与材料

The Classroom and Materials

教室环境布置

当孩子或家长来到教室，教室的环境布置应该让他们感到温暖、舒适和安全。营造这种氛围并不难，你不用总想着在布置一间“教室”，而是想着把它布置得有“家”的感觉就可以了。孩子们最喜欢置身于漂亮且柔软的环境中，这有助于他们获得安全感。你的教室应该反映孩子和他们家庭的特点，而不是千篇一律，如同从画册上搬下来似的！

在布置教室之前，应该先进行一番规划，考虑一下物品的摆放和总体的视觉效果。这样会有助于你创建一个让孩子感觉安全且适宜他们健康成长的教育环境。教室不应该单调乏味，也不应该像个学术机构。几盆绿色植物、柔软的窗帘、暖色或中性色彩的墙壁，就可以让孩子流连忘返。

教室中的教学用品，不仅应该适合孩子的年龄和发展阶段，其摆放位置也应该醒目，摆放方式也应令人愉悦。此外装点一下教室(以不造成孩子过于兴奋为宜)，展示一些孩子的作品，也有助于营造轻松愉快的学习环境。这样的环境会在不经意间影响孩子的行为。

通常家长会根据参观所获得的第一印象，决定送孩子去哪家幼儿园，所以要时刻准备着迎接那些不请自来的参观者——记住你只有一次机会给别人留下第一印象。此外一定要向来访者简单介绍和说明你如此设计教室的理由，帮助他们明白学习环境可以影响孩子一整天的行为。

小窍门

在教室里展示孩子们的作品很容易，孩子们的自豪感也会油然而生。可以让孩子们参与决定作品展示在哪里。不要忘了，这也是他们的教室哦！

为了让孩子更好地学习和探索，我们应该为他们创设一个安全的环境。教室里的陈设不仅应该方便教师，也应该方便所有的孩子。每个孩子在一日活动中所需物品都要放在他们伸手就能拿到的地方，即使是有特殊需求的孩子也能无需依赖他人就取得他们所需要的东西。

在你安排教室的布局时，请考虑以下几方面因素：可见性、安全性、小组—大组活动区域、通道设置、活动区域、安静区域以及存储区域。安排工作区域时不要忘了创设一个开放式的、能够扩展且无需侵占其他工作区域的活动空间。

最后你还要确保教室的设施必须具有可移动性，而且必须有安静的空间。

- 一部分搭建棚架的材料必须是可以移动的，这样就可以腾出更多的所需空间。比如积木都比较重，我们可以将其放在有轮子的架子上移到别处，以便临时腾出地方放玩具铁轨。这样做可以节约很多时间，好让孩子们迅速开展游戏。
- 当然你也应该考虑到为希望独处的孩子设立一处僻静之所。悬挂一些半透明的织物就可以为那些在从事安静活动的孩子创建一个舒适的环境。

小窍门

请务必牢记：任何一个孩子都可能存在特殊的需求。比如对于还在使用学步器或坐在轮椅上的孩子而言，储物架之间的空间应该足以让他们自如通过。

可见性

教室布置的可见性

在摆放教室内物品时还有一点必须牢记：物品摆放一定不能阻挡视线和声音。换句话说，必须确保所有的孩子都在你的视野和声音范围之内。永远不要背对孩子，因为你有责任密切注视整个教室里的一举一动。如果一间教室里有两名教师值班，那么其中一位可以负责孩子的小组活动，还有一位则要负责观察其他孩子。比方说一位教师可以和一个小组的孩子坐在地板上做游戏，另一位教师则需密切留意教室里的其他孩子。以下几点建议可以帮助你将教室里的可见性最佳化。

- 将高的置物架靠墙摆放，用较矮的置物架来隔离空间，这样可以保证你坐在桌边就能放眼整个教室。
- 在教室上角放置一面广角镜，这样可以帮助你看清教室里视觉盲点处的状况。
- 创设一处教师指导或小组活动区域以使整个教室尽收眼底。比如可以安放一张圆桌，方便教师与孩子们一起写字画画。这时教师必须背对墙壁面向孩子，这样才能看到教室里其他区域的状况。

户外的可见性

户外的活动区域也应该遵守同样的“可见性原则”。儿童的大肌肉运动技能可能尚未发展成熟，又喜爱冒险，所以在户外活动时难免会发生意外。如果真出现意外，你有责任弄清楚事件发生的全过程。除非你确定有其他教师在留意孩子的一举一动，否则千万不要背对他们。操场这个区域最难监控，孩子们在上面不断跑动，所以你也要不断变换位置，眼耳并用，时刻关注他们的动静。如果有孩子在户外受伤或类似情况发生，你不妨想想：安排的活动是否适宜，或者师生比例是否恰当。

安全性

为孩子创设整洁、安全的活动环境是幼儿教师的首要任务之一。

整洁

大部分学校都有专门的清洁工在晚间负责打扫教室。以下几条应作为他们的常规工作项目。

- 用清洁布擦拭所有的桌子、工作台和水池。
- 用吸尘器吸净所有的铺有地毯的区域。
- 清倒垃圾桶。
- 用湿拖把擦拭地面。

- 装好所有的日常必需品(如擦手纸巾、厕纸、塑料手套等)。
- 清洁吊扇、镜子、窗户和墙壁。
- 专业清洁地毯,清洁并给地板打蜡,每年至少两次。

小窍门

因为海绵最适宜各种霉菌和微生物生长,所以清洁过程中要避免使用海绵,尽可能多地使用纸巾。

通用安全贴士

教室里所有的物品,包括家具、毯子和教具都应该摆放整齐,以保障孩子们的安全。以下是一份用于确认室内安全的项目清单。

- 教室中摆放的所有置物架都必须是平滑的,表面没有钉子和螺丝。
- 桌椅的高度必须符合孩子的需要,这样才能方便他们上下自如。
- 像沙发、沙袋这样的软家具物品必须易于清洁,且上面不能残留线头或已松动的扣子。
- 不要在紧急出口处摆放任何物品。
- 将“紧急疏散线路图示”张贴在每一扇门旁。
- 百叶窗的拉绳必须高高系起来,不能让孩子触摸到。
- 墙壁上的插座必须有安全罩。
- 清洁用品必须放在带有锁的柜子或储存室里。
- 不要允许任何人(包括大人)在教室里喝热饮。
- 把教师的个人物品,如钱包等,放在有锁的柜子里。

小窍门

轻轻拍打铺在地板上的小地毯,以防下面藏有物品;或在小地毯下放置防滑垫,以免孩子走在上面滑倒。必须小心地板上放置的塑料制品,防止孩子不小心踩到后摔跤。

玩具

教学用具和玩具的使用频率很高。每周给玩具做清洁时都要检查每件用具是否完好无损。家长是绝对不能容忍教室里有破损的玩具的。室外器械、玩具也必须完好无损。

清洁玩具

光是将所有玩具搬出去，清洁完再把它们安放好就要花费你不少时间，所以不要指望在一天之内清洁完教室内的所有玩具。可以由晚班教师负责在学校放学后清洁玩具，经过一夜风干，第二天由早班教师负责将刚清洁过的玩具归位。

如果你发现有孩子把玩具放进嘴里，只需让他们将玩具拿出来放进水池里由你清洗，或让他们自己用肥皂水将玩具洗干净。对于那些无法放进水池里清洗的物品，如门把手、墙砖等，用雾化清洁剂来消毒。教室里最需要经常消毒的区域包括：

- 表演区；
- 任务区；
- 感觉区；
- 积木区（在积木区你不仅需要清洁积木块，还要清洁所有的配件）。

小窍门

用含有漂白剂的水清洁玩具（稀释比例：3.8 升水中加入两汤勺漂白剂）。

交流

教师间的及时沟通也有助于营造一个安全的学习环境。

- 无论你在干什么或到哪里去，都要及时告知其他教师或助手，永远不要想当然地认为他们一定知道你的行踪。比如说如果你需要帮助某个孩子去洗手间，一定要记得告诉其他的教师你去哪里、去的理由和去多久。这样做等于是在告诉他们教室里其他孩子的安全目前暂时由他们全权负责。
- 如果你需要离开教室，务必确保教室里师生比例符合州或学校的要求，否则应带上几个孩子和你一起离开。

还有，时刻准备有人随时来访，比如上级主管、卫生督察或者家长。

突发事件

生活在当今世界的你还需要为任何突发事件——天灾或人祸——做好准备。假如今天地震不幸来袭，你和你班里的孩子能否在没有外援的情况下生存两天？为了能做到这一点，你需要备有足够的相关设施。

天灾

天灾指的是发生在自然环境中的突发事件，如地震、暴风、火灾或龙卷风。它们通常是灾难性的，而且发生时往往没有预警。所以你要训练孩子，比如教他们如何躲避危险物、如何护住口鼻、如何离开建筑物，还有如何保持冷静。

人祸

人祸指的是发生在社区或幼儿园周围地区的突发事件，如空难、炸弹威胁或恐怖袭击。你的幼儿园应该有一套应急方案，以防万一。

应急补给

如果你必须疏散教室里的孩子，你需要有一个事先准备好的、装有必备应急补给的背包。要是你和孩子们被困在教室里，你要准备一个可以盛放必需品的大桶，以保证你们在没有外援的情况下能够生存几天。

小窍门

选用一个色彩鲜艳的背包（上面写有“急救”字样）用来盛放急救物品，并且将其挂在门旁边。

急救包必须装有以下物品		
胶带纸	棉球	大的纸质胶布
创可贴	棉签	手电筒
安全别针	无菌手套	纸和笔
绷带	冷敷袋	小剪刀
抹布	电池	纸巾
水笔	凡士林油	棒棒糖
书籍和美术工具	口哨	紧急情况下孩子编号的副本

教室洗漱区应该备有以下物品		
防尘口罩	液体皂	咖啡罐
厕纸	工作用的手套	撬杠
铝箔纸	封口胶纸	纸质毛巾
两块海绵	成人外套	塑料垃圾袋
胶带	饮用水杯	格兰诺拉麦片
葡萄干	盒装果汁饮料	饮用水

集体活动区域

幼儿园教室里的每一个活动，都有其特定意义，活动可能涉及四五个孩子，也可能是一大群孩子，也可能只是个人活动等。因此，教师的首要任务之一，便是对教室空间进行安排，使其符合各种活动的需要。

小组活动

小组活动指的是：

- 以教师为主导。
- 由 6 个或 6 个以下孩子组成。
- 有具体预期。

介绍科学或数学概念、促进语言发展等活动，都可以以小组活动的方式进行。

- 为避免孩子产生困惑感，教室里的小集体活动区域，最好比较固定。
- 较为理想的小组活动区域，可以是桌子四周，这样不容易被教室里的其他活动干扰；也可以是小地毯的一角，这样便于观察其他的孩子。
- 如果你有一位教学助手，则可以将小组分成两个更小的组。
- 每个组学习不同的概念，每次时间不超过 15 分钟，然后和助手交换。
- 这样分组，能让教师教给孩子们两个不同的概念。另外，因为组内人数少，可以保证教师关注到每一个孩子。同时，因为各有分工，你只需专注于你手边的活动而无需关注其他的孩子。

集体活动

- 集体活动需包含班里的每一个人。
- 为了让参加集体活动的孩子感觉舒服，要保证每个孩子都有足够的个人空间。
- 你选作集体活动的区域应该不受外界干扰。
- 为了避免孩子感到困惑，或因为与谁同坐而争吵，最好指定每个孩子的位置（如地毯的某个位置、隔热垫所在的位置或是一本上面写有他们姓名的杂志的位置等）。
- 以上的做法也可以避免孩子们相互干扰，因为他们需要将注意力集中在教师和活动上。

集体活动有以下类型：

- 大声朗读；
- 日历游戏[①]；
- 其他非正式活动；
- 班级通知；
- 音乐和身体运动。

室内通行路线

教室里通行路线设置得当，可以促进班级和谐，否则会制造混乱。合理的通道可以保证孩子从一个活动区域转换到另一个区域时，不会干扰其他的孩子。

从一个区域转换到另一个区域

孩子们也应该能在你的工作中发挥他们的作用。你可以根据需要邀请他们帮助你决定设施重新摆放的位置，以及重新安排教室的活动空间，同时注意观察某两个区域是否靠得太近，某个区域是否太大，从教室的一头到另一头是否有直达通道。

---

① 译者注：幼儿园阶段的孩子对数字和时间尚无概念，日历游戏（Calendar Activity）则可以让孩子在游戏中学习这方面的概念。

注意事项

自我询问:“当孩子从教室的一个空间转移到另一个空间时,他们是否需要穿过其他区域?”如果答案是肯定的,那么你必须作出调整。没有哪个教师愿意看到自己的工作中存在着隐患。

- 隐患有很多,举个例子。假如萨米和梅丽莎正在积木区搭积木,恰巧汤姆需要穿过积木区到绘画区去,这时就可能出现以下问题:汤姆可能会不小心撞翻她俩正在搭的积木塔,从而造成不悦,甚或相互指责,甚至还有孩子被积木砸伤的可能。
- 如果室内留有一条较宽的过道,可能诱发孩子奔跑的欲望,从而造成危险。
- 确保在教室门边留有足够空间,好让孩子们在离开时可以排好队。
- 做好突发事件来临时紧急撤离的准备,保证安全出口通畅无阻。要考虑到教室里的每个空间孩子可能出现的状况,比如说积木存放在小隔间里,但是一定要确保孩子在玩积木过程中不会堵住隔间出口。

小窍门

为了让你能从孩子的视角了解教室里的通行路线,你可以尝试以下做法:蹲下身子在教室里走一圈!

活动区和安静区

为了满足孩子们的不同兴趣和个体需求,需要在教室里同时安排活动区和安静区——好的教室都拥有这两种区域。在活动类型安排和活动区域划分上要做到均衡,这样才能满足孩子们的需要。

活动区

活动区指的是孩子可以完全放开活动的地方。这个区域包括积木区、音乐和身体活动区、表演区和感觉区[①],空间可以装饰得欢快明亮,让人有跃跃欲试的冲动。

---

① 译者注:感觉区指的是用于开发儿童各种感觉(如听觉、触觉、视觉、嗅觉和味觉)能力的活动区域。

安静区

安静区指的是只和一个同伴或独自活动的地方。

- 孩子也需要独处的空间，这样就不受教室里其他活动的干扰。
- 安静区还可以为孩子提供庇护所，或是让孩子在活动之间进行自我调适。
- 不要低估孩子独处和进行自我调适的需要，因为它可以帮助孩子们恢复精力，并且为他们进入下一个活动做好思想准备。
- 在这个区域里放置一些柔软的物品，比如枕头、毛绒玩具或毯子。
- 可以通过悬挂透明的帘子来隔出安静区。透明的帘子既给孩子一种私密感，又能保证孩子仍旧处于教师的视野中。
- 安静区包括：阅读区、听音区、绘画/书写区、科学区等。

为扩展游戏安排设施

允许孩子根据需要，自由使用教室里的物品。比如允许他们把书籍拿到积木区，因为孩子可能需要对比书上的拖拉机与积木区的拖拉机。鼓励孩子们的扩展游戏，不要制订那种让孩子过于拘束的规则。

- 比如一个孩子正在积木区用大积木搭房子，他/她没准儿想用毯子、枕头、食品来丰富他/她的游戏，而这些物品大都放置在表演区，所以将积木区和表演区安排在一起有助于鼓励孩子创新。
- 其他可以安排靠近的区角有：绘画/书写区和表演区。将这两个区角靠近安排，可以便于孩子们为他们的“角色扮演”来制作目录、图画以及其他的手写道具等。
- 将阅读区和听音区放在绘画/书写区的旁边，会便于孩子们模仿他们读到的和听到的内容，也更便于他们自己创新。

存　储

物品存储是幼儿园教室布置遇到的常见问题。教室里似乎总是缺少放置某些物品的空间，而有条理地归置物品有很多好处，比如：

- 在需要时，能很快找到你想要的；
- 可以循环使用；
- 为你提供更多存储空间。

存储教学用具或任务型玩具

- 用一个带盖子的塑料盒子存放你需要循环使用的玩具。
- 在容器外面贴上存放物品的名称和图片。
- 将需要循环使用的教具放在同样尺寸的盒子里，这样可以保证橱柜里面码放整齐。从橱柜里取下还没有使用的玩具，代之以已经用过的玩具。
- 请记住：在将用过的玩具归位之前一定要对其进行清洁，再将盒子放在橱柜的底部，然后把还没有使用的玩具放在它的上面。这样做可以有效地保证你每次伸手取下的最上方的盒子里的玩具都是还没有用过的。
- 在橱柜的架子上贴上标签也有助于你将物品进行分类。
- 在橱柜的架子上贴上分类标签可以提醒你、你的助手或是代课教师应该将物品放回何处，这样便于下次取用。写标签比较费时，但从长远来看，这样做可以为你节约很多时间，而且能够帮助你更有条理地做事。

存储纸张

你可以从当地五金店买几块薄木板，然后亲自动手制作一个按不同颜色分类的、存放美术纸的架子。

- 找一个可以平放美术纸的橱柜。
- 选择存放在教室里的美术纸的颜色种类。有些教师喜欢存放所有颜色的纸张，也有的只爱存放红蓝黄外加黑白两色美术纸。如果你想存放 6 种颜色，那么你需要 5 片薄木板。
- 下一步是测量橱柜。记住你要测量的是橱柜的内壁尺寸，且每边需缩进 1～2 厘米，这样才能将薄木板服服帖帖地放进去。
- 接下来从积木区取几块积木（小的矩形积木就可以），在橱柜内壁两侧及后端各放一块，然后将切割好的薄木板放在积木上。再以同样的方法在薄木板上方两侧及后端各放一块积木，在积木上放置第二块薄木板。如此这般，你就可以 DIY 一个便于存储美术纸的多层存储架了。

存储美工用具

美工用具，诸如颜料、画笔、水彩笔、拼贴材料、杂七杂八的各种材料，还有胶水等需要存放在一起。

- 设立一个美工用具集中存放区，可以帮助你和孩子们及时找到自己所需要的东西。
- 孩子们天性乐于助人，渴望融入班集体，并愿意担负责任，所以适当给他们安排一些任务，如准备好画画用的物品，不仅可以减轻你的工作负担，还可以让孩子产生一种自我价值的认同感，即“我对他人是有用的”。此外，还可以锻炼孩子遵从指令的能力。
- 在请孩子们帮忙时，你给出的指令要具体。如“马特、索菲亚，我们今天的绘画需要 4 瓶胶水、羽毛、纱线、绒球，请把它们取出来放在桌上”。
- 将美工用具存放在较矮的橱柜里可以方便孩子们取用。孩子在参与美工活动的过程中，为了完成自己的作品，可能会需要一些别的物品。在这种情形下你要允许孩子随时提出要取用某些别样物品的请求，因为只有这样，你才不至于将存储柜里的所有物品全部摆放在桌子上。
- 每种颜料教室里都应该摆放一瓶，这样可以免去你每日在教室和储藏室之间的奔波之苦。
- 可以在橱柜里放置塑料盒子或鞋盒子，用于存放各种拼贴材料、水彩及杂七杂八的东西。因为鞋盒子不透明，所以可以在盒子外面贴上一幅画或写几个字，描述盒子里所装的物品，这样便于孩子选用。
- 将画笔按照尺寸分类放在塑料盒子里，笔头朝上，这样可以方便孩子取用。
- 在教室里存放美术纸可能会占用不少空间，而且如果方法不当还可能导致凌乱。不过只要教室里空间允许，还是尽可能多地存放一些美术纸。

小窍门

在教室里悬挂一根钓鱼线之类的绳子，或挂一块公告栏之类的牌子，用以悬挂展示孩子们的美术作品。

教室布局平面图

示例 1

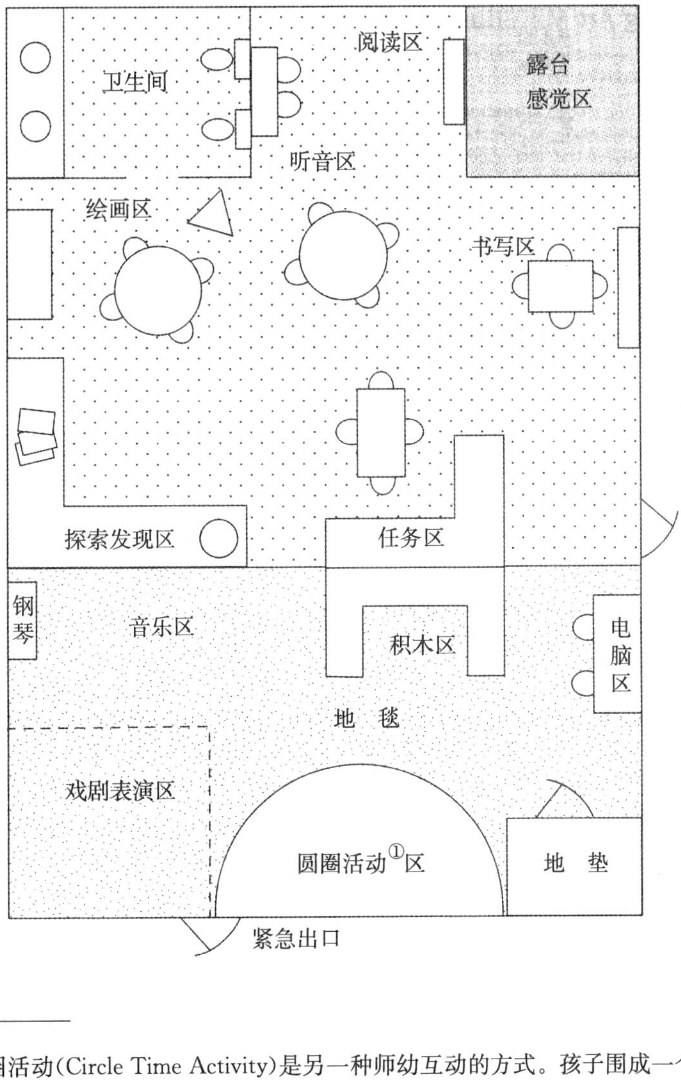

---

① 译者注：圆圈活动(Circle Time Activity)是另一种师幼互动的方式。孩子围成一个圈坐着，可以由教师给孩子讲故事或给孩子提问题，孩子也可以集体唱歌或朗诵等。

示例 2

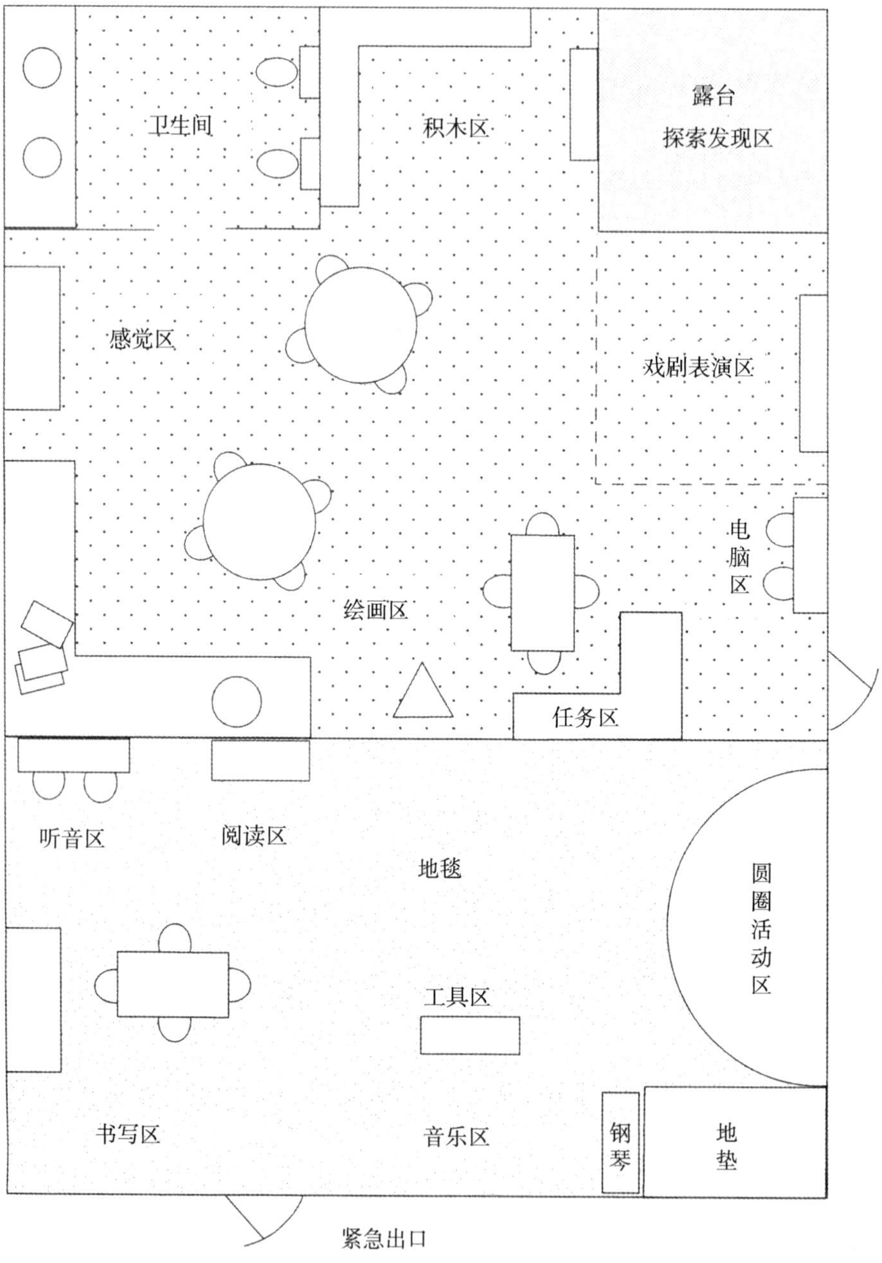
卫生间
积木区
露台
探索发现区
感觉区
戏剧表演区
电脑区
绘画区
任务区
听音区
阅读区
地毯
圆圈活动区
工具区
书写区
音乐区
钢琴
地垫
紧急出口

示例 3

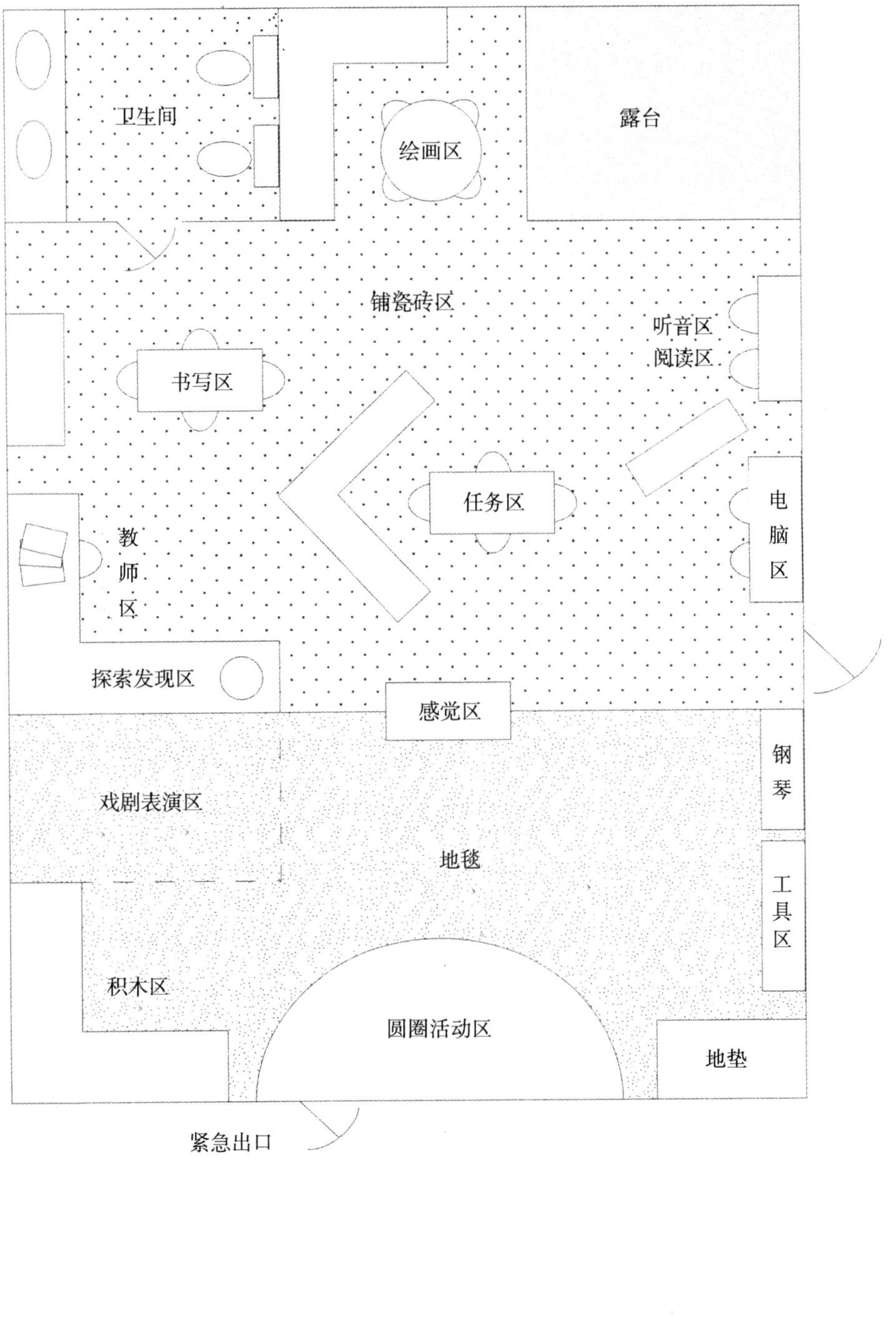
卫生间
绘画区
露台
铺瓷砖区
听音区
阅读区
书写区
任务区
电脑区
教师区
探索发现区
感觉区
钢琴
戏剧表演区
地毯
工具区
积木区
圆圈活动区
地垫
紧急出口

活动区角管理

以孩子为中心的活动区角

对教室里所有区角和物品做好管理，可以保持教室清爽整齐，而且可以帮你迅速找到你所需要的东西。以孩子为中心的活动区角指的是在教学活动时间或非教学活动时间，孩子们可以自主学习和活动的区角，主要包括：

- 积木区；
- 任务区；
- 科学区；
- 阅读区；
- 听音区；
- 表演区；
- 绘画/书写区；
- 感觉区；
- 电脑区；
- 音乐和身体活动区。

要营造一个有条理的空间氛围。在第一天组织活动之前就要做好充分的准备，如在每个架子、收纳箱（储物柜）以及活动区贴上说明性的文字和图片。这样可以确保你在布置教室的时候不至于将物品张冠李戴。

积木区

管理积木区的方法如下：

- 首先，将所有积木倾倒在地板上。
- 选择摆放积木的最佳方案。通常长条的和扁矩形的积木放在积木架底端，将形状相似的积木放在一起或放在同一个架子上，直至将所有积木整理摆放结束。

- 用同色美术纸为每一组积木做一个形状剪影。
- 用胶带将形状剪影贴在存放相应积木的架子上，邀请孩子们检查形状剪影与相应积木的形状是否吻合。这样做不仅可以让孩子自然地熟悉各种几何形状，而且还能够教会他们如何保持空间整齐。

小窍门

复印一份你订购物品的产品目录，并将它与你用于下次订购的文件存放在一起。将你已经订购的物品图片剪下并用作图片标签。

表演区

管理表演区不难，可以从厨房开始。

- 找齐所有的食物道具，用一个收纳箱装好。在箱子外面写上“食物”并贴上食物的图片，将其放在冰箱的格架上。格架上有一幅和收纳箱上一模一样的图片，这样便于孩子们进行比对。
- 接下来，再找一个收纳箱放置所有的餐具，然后用同样的方法对其进行标注。如果你想对食物以及餐具进行细分(如盘子、杯子、刀叉等)，则需要更多的收纳箱和存储空间。
- 然后再找个空间(抽屉或是架子)用以存放各种服装，如帽子、衣服和鞋子等。最后在每个抽屉或架子上标注好文字和图片。

任务区

在任务区至少摆放 5 个不同的玩具车以供孩子们选择。

- 这些操控型玩具最好存放在同样大小的收纳盒中，而且要能循环使用。
- 这样便于快速循环使用，且有利于保持空间整齐。
- 智力玩具也可以归置在这个区角中，用一个架子摆放这些玩具。
- 在架子前部写上“智力玩具”并贴上相应图片。

绘画/书写区

建议将教室里的绘画区和书写区合二为一。

- 对于年幼的孩子而言，画画是他们自我表达的开始。因此这个区角里应该配备多种物品以方便他们的创作。

- 每一件物品，大至画架小至剪刀，都应该各就各位。
- 用文字和图片对每一样物品进行标注。

小窍门

在颜料杯中放一个可折叠的三明治袋子以便于清洁杯子。只需将使用过的丢弃，换一个新的即可。

探索区

- 探索区或感觉区用于帮助孩子探索或感觉各种不同的物质及其纹理组织。将各种可以重复使用的物品，诸如沙子、干豆粒、棉球、面条、散土等，放入带有盖子的大塑料盒中。在塑料盒外面做好标记，孩子在其周围玩耍也比较安全。这些塑料盒可以统一放置在储物柜里或感觉区的宽口箱子里。
- 如果感觉区的宽口箱子里放置有水，则需每日更换。
- 非重复使用物品(如面粉、食盐、芡粉等)可能会招引虫子。
- 每周末清理教室和物品时，要么将这些用于感觉区的物品丢进垃圾箱，要么将它们放置于密封的容器中。

阅读区

阅读区的书架可以有两种选择：一种是可以旋转的，一种是依墙而立的。

- 书架上放置的书籍不宜过多，否则会导致孩子在阅读中囫囵吞枣，甚至损坏书籍。
- 小篮筐在这里也能发挥作用。可以将不同的书籍，如硬纸板书、杂志、同一主题的书、报纸等放置于不同的篮筐中，起到分类的作用。
- 不管是使用小篮筐还是宽口箱子来存放，都需在外部做好标记，便于孩子将书籍放回原处。
- 为了帮助孩子熟悉印刷体，要向他们提供多种读物。

小窍门

在这个区角可以悬挂一面透明的帘子，这样有助于营造一种宁静的阅读氛围。

电脑区

管理这个区角也不难。

- 这是一个教师控制的区角。电脑桌上只允许摆放电脑、键盘、鼠标和计时器。
- 每天在电脑里放置一个不同的游戏，并解释如何使用。这样可以鼓励孩子尝试不同的游戏，而不是只盯着自己最喜爱的那个。
- 将其余的游戏放置在孩子们接触不到的教师物品专柜中。
- 有些孩子比其他人更精通电脑，甚至比你还精通，他们有可能改变游戏以及电脑中的某些其他设置，所以你在工作期间要留意这个区角的情况。

科学区

这个区角中的有些东西常年放在户外，如盆景或教室宠物。其他的物品则需要放在室内轮流使用。

- 将此区角中需要循环使用的物品，按主题放置在塑料收纳箱中。
- 物品分类摆放，如与人体有关的放在一起，磁石之类的放在一起。
- 分类摆放的好处是在你需要时，拉开一个收纳箱即可，而不需要到处乱找。

音乐和身体活动区

- 每一件乐器都要放置在安全的地方。
- 塑料收纳箱或乐器架是放置乐器的最好地方，这样能保护乐器，以免损坏。
- 将各种不同的乐器存放在一个特殊的地方，只在进行圆圈活动或集体活动时才使用，这样可以让孩子们对乐器抱有一种特别的感觉。

听音区

听音区是这样一个地方：孩子一边听磁带或CD，一边翻看手中相对应的故事书。

- 将故事书和相应的磁带、CD放在悬挂的塑料包中。
- 孩子需要做的就是选本故事书，将磁带放入录音机即可。无需依赖你去找寻与书相对应的磁带。这样可以培养孩子的独立意识。

小窍门

头戴式耳机是这个区角里不可缺少的配置。它们有助于集中孩子的注意力，使其不被周围的噪音干扰。

带回家收藏的作品

每个家长都愿意看见自己孩子的作品。存放这些作品的方法就是使用一个文件夹，将这些文件夹（每人一个）放在文件柜中，在柜子外面写上：我们的艺术作品。鼓励家长每周收集一次孩子的作品。

教师专用物品

- 教师专用物品，如圆圈活动用书、课程安排表等都需要单独放置。
- 保存好孩子们的个人信息，如应急电话、家长信息、行动提示、病假日期等，使其不易被其他人接触到。

孩子的作品集

在家长—教师见面会上，向家长展示孩子的作品集，最能够显示孩子所取得的进步。

- 为每一个孩子准备一个文件盒子，将其与“带回家收藏的作品”区别开来，否则家长会混淆。
- 制作孩子们的作品集可以这样开始：开学头一天，让每个孩子写下自己的名字，剪一张或画一张自己的头像（注上日期），然后将这些作品放进作品集文件盒中。
- 每 2～3 周往盒子里放些新的作品（如剪切的、画的、写的等），都要标明创作日期。
- 随时将孩子制作的自我感觉非常棒或你认为很棒的作品放入作品集中，能够直观地了解自己孩子在班上所取得的进步，家长们都会非常开心。

教师用的大型物品

教师用的大型物品，如海报、公告牌等，要存放在大型折叠夹中。

- 找两块大的硬纸板，用胶带纸粘住侧面和底端，这就做好了一个大的折叠夹，直立放置。
- 在折叠夹外面贴好标签，这样可以避免你每次寻找物品时，都要挨个翻找每个夹子的窘况了。
- 做 4 个大型折叠夹，每个季节一个，用于存放具有季节性特色的物品。

因为夹子是扁平的，所以你可以将它们放置在置物架的后面，以保证夹子直立放置。

公告牌

教室里的公告牌有多种用途，可以用来展示：

- 幼儿的作品。
- 与某一主题相关的信息。
- 幼儿的全家福照片。
- 周遭发现的事物。
- 专业美术作品。

公告牌的内容至少应该一个月更新一次。

展示孩子们的绘画作品

孩子们都乐意看见自己的作品得到展示，因为这表明自己的创作获得了认可。一定要对所展示的作品表示尊重，不要简单地用订书钉将作品在公告牌上一钉了事。用一张彩色的纸放在作品背面，做成一个画框的效果。专门留出一个公告牌用于展示孩子的创意，以便更好地激励孩子持续地进行艺术创作。如果孩子们想展示他们的新作品，那么他们必须创作出一幅足以取代旧展示品的作品。

月主题

公告牌除了可以用来展览孩子的绘画作品以外，还可以用来展示与月主题相关的信息。如果孩子们正在学习昆虫，那么可以在公告牌上张贴一些蚂蚁、毛毛虫、蝴蝶、蜜蜂、蜻蜓之类的图片，这些图片会激发孩子的兴趣，引发他们进行相关讨论。

小窍门

往公告牌上张贴作品或图片时不妨邀请孩子们参加，这可以培养他们的主人翁意识。

专业绘画作品

想为你的教室增添几分令人愉快的、美的氛围吗？想培养孩子们对美术的鉴赏力吗？不妨拿几幅名家名作过来，如巴勃罗·毕加索的《三个音乐家》、莱昂纳多·达·芬奇的《蒙娜丽莎》、克劳德·莫奈的《莲花池》、文森特·凡高的《星夜》、安迪·沃霍尔的《坎贝尔的浓汤罐头》、乔治亚·欧姬芙的《乔治湖》和《春夜月初出》。当地一些海报商店都有这些名画的复制品出售，如果不含画框的话，都不会很贵。轮流展出这些名作可以很好地引导孩子潜心欣赏，弄明白作画所使用的材料以及画家是如何创作这些作品的。

全家福与“每周一星”

新学年伊始，组织一个名为“这就是我”(All about me)的活动，让孩子们将他们的全家福照片带来，这样可以为孩子们提供一个谈论自己家庭成员和生活的机会。一般来讲，在学校能够看见自己想念的人的照片会让孩子感到安慰。此外，你还可以每周挑选一个孩子作为“每周一星”，这个孩子可以将他/她的家庭成员照片带来（后面附有可以写在公告牌上的关于这个孩子个人情况的问卷）。

周遭发现的事物

在教室的不同区角，公告牌可以展示相应环境里孩子可见的不同事物的照片。比如，在“表演区”可以张贴家庭成员一起从事活动的照片，像共用晚餐、做饭、在公园嬉戏、读故事，或者摆放社区服务人员照片（如消防员、警察、邮差等）。在“积木区”可以展示各种不同的建筑物以及交通工具的图片。另外，鼓励孩子将他们生活中遇到并且认识的单词带来学校。比如，牛奶外包装盒上的图片及文字、报纸中的广告、街道名称的图片等等。孩子能从周围环境辨认很多词，并且能“读”出来。

小窍门

《国家地理》杂志和年历是非常好的图像资源库，从中我们很容易找到各种动物以及周遭各种事物的图片。

以下表格由孩子及其家长填写。

标题：本周之星是________________

（孩子的照片）

我今年________岁

我爸爸妈妈的名字______________ ______________

我姐姐(妹妹)的名字______________

我哥哥(弟弟)的名字______________

我的宠物和宠物的名字______________

我最喜爱的食物____________________

我最喜爱的书______________________

我最喜爱的颜色____________________

我最喜爱的玩具____________________

我最喜爱做________________________

教室环境布置小结

在布置教室环境时需要问自己这样一些问题：

- 我将如何利用室内的置物架？
- 我的教室里有供所有孩子同时使用的不同区角和空间吗？
- 孩子们进行圆圈活动时有足够的个人空间吗？
- 能保证圆圈活动不被外界干扰吗？
- 教室里是否有专门用于小组活动的区域？
- 我坐在桌边能看到教室里其他区域所发生的各种情况吗？
- 孩子们在教室里的各区角之间如何移动？是跑动还是走动？
- 如果有孩子需要我的特殊帮助（如离开教室），我是否已为此做好预案？
- 如果我需要一个教具，如可操作玩具或一本书之类的，我知道该去哪里找吗？
- 那些供孩子们循环使用的玩具都贴好标签并放在孩子能够得着的地方了吗？
- 教室里的孩子是否可以独立地学习？他们是否不需要我的额外帮助就可以取到自己需要的物品？
- 身体有残疾的孩子是否也可以独立地学习？
- 活动区和安静区是否互不干扰？
- 我是否考虑并规划了区角，用于一些拓展性的活动（如表演）？
- 我是否已经为那些需要安静的孩子（如过于兴奋或想独处的孩子）准备好了空间？
- 教师用具是否与学生用品分开放置？
- 所有物品是否依据其用途来存放？
- 所有物品是否有条理地放置在收纳箱中？
- 如果我是代课教师，知道所需物品的存放地点吗？
- 孩子们能独立地将物品放回原处吗？
- 绘画区和感觉区离水池近吗？
- 教室里清爽整洁吗？

活动区角

作为幼儿教师，你的职责是关注孩子的全面发展：社交、情绪、认知和生理，所以你的教室里应该备有各种各样的与孩子年龄和发展阶段相适宜的活动材料。

将教室空间依据孩子的发展兴趣划分为各个主题突出的区角，这样便于发展孩子的逻辑思维能力、反思能力和探索能力。

- 在教学期间，孩子应该尽可能地不依赖教师的指导，独立开展活动。教师应该有充分的精力和孩子们一起游戏、倾听他们的谈话，共享美好时光。
- 你班里的孩子有着不同的兴趣爱好，处在不同的发展阶段，学习效率也不尽相同，所以只有提供多种活动的机会以及能够亲自动手的活动空间，才能满足他们的所有需求。
- 活动区角可以允许孩子们亲自动手操作，参加角色扮演，发展语言能力，尝试实验，培养解决问题的能力等。
- 活动区角也允许孩子们发展他们的粗大运动技能和精细动作活动能力。
- 准备一些具体真实的道具，鼓励孩子们在活动区角自发地开展轻松愉快、易于理解、积极向上的表演。
- 着重表扬孩子的成功与创造性，这会带给他们自信，让他们敢于尝试各种新鲜的事物且不惧怕失败。
- 操作和区角活动时间是儿童早期发展过程中最珍贵的时刻，因为孩子们可以从中学会做选择、进行实验、了解自己以及自己生活的这个世界。
- 活动区角是幼儿园教室里的核心设置。活动区角和创造性学习多种多样，不过以下介绍的各种活动都包含有自我矫正和自我选择的特点。

小窍门

活动成果不一定总能匹配或体现孩子在活动中所学到的东西。

任务区

任务区（也称为“数学区”或“操作区”）可以帮助孩子们理解数学概念。在这个区角所开展的各项活动不仅能够帮助孩子们理解复杂的数学概念，还能够通过计数、分类、排列和测量来锻炼孩子的小肌肉活动能力。

在这个区角，孩子们可以通过以下活动，促进认知的发展——预测、比对、对比以及亲自动手操作等。

材料

操控型玩具一般不具有创造性。在这个区角可以同时提供桌椅和地毯以满足孩子的不同需要。如有的孩子喜欢坐在桌子旁玩耍，有的孩子为了有更多活动空间喜欢坐在地上。

区角常备材料：

棋类	简单的牌类	几何板	小钉板
提花卡片和提花珠子	拼图	其他结构材料	

存储

这个区角所需活动材料，适宜存放在低矮、开架式的置物架上或敞开式的收纳箱中，并贴好相应的文字和图片，便于孩子们保持本区角的整洁。

本区角在教室中的位置

任务区适宜安置在“安静区”和“活动区”中间。在这里玩耍的孩子一般都会聚精会神于自己手头的游戏，所以不太容易被来自“活动区”（如积木区和表演区）的喧闹声打扰。同时他们为完成手边的任务会自觉保持安静，这样就不会打扰“安静区”的孩子。因此这是个置于“活动区”和“安静区”间的上佳“缓冲区”。

小窍门

请务必注意：这个区角里的很多材料容易造成窒息，所以只能允许较大的孩子玩耍。

任务区材料清单

- ❑ 几何板
- ❑ 小钉板
- ❑ 提花卡片
- ❑ 提花珠子和线
- ❑ 拼图
- ❑ 锤子和带泡沫板的高尔夫球的球座
- ❑ 互联的木质或塑料玩具
- ❑ 玩具的重要零部件
- ❑ 用于搭配的各式各样的瓶子和盖子
- ❑ 棋类
- ❑ 牌类
- ❑ 可垛放的玩具
- ❑ 可拆装重组的玩具
- ❑ 大的形状和颜色分类器
- ❑ 带有字母和形状的磁性写字板
- ❑ 算盘
- ❑ 天平
- ❑ 多米诺骨牌
- ❑ 磅秤

表演区

表演区(也称之为扮演区、幻想区等)可以为孩子们的以下活动提供地盘。

- 发展语言
- 职业探索
- 表达感情
- 检测社交技能
- 探索各种社会角色和行为
- 体验不同的文化
- 情景演示
- 体验所生活的这个世界

你可以通过观察孩子在这个区角的活动来深度了解他/她的家庭背景、过往经历和发展需求等。这个区角的活动,也能够促进手眼协调和小肌肉的发展。

储备箱

如果你在这个区角中,备有几个储备箱的话,那么为此区角增加新物品并不麻烦。这里所谓的储备箱就是用于收纳与某个主题有关的各种物品的工具箱。比如"比萨店"储备箱,可以包括围裙、大厨的帽子、菜单、比萨盒、比萨盘、托盘、杯子、水罐、刀叉、玩具钞票、现金出纳机、铅笔、点餐用的便条簿等。将物品收纳进储备箱中,这样就可以根据需要腾出空间来以备他用。以下是储备箱可储备的主题一览表,以供参照:

- 生日晚会
- 冰激凌店
- 美容院
- 牛仔与女牛仔
- 加油站
- 医生的诊室
- 宠物医院
- 野营
- 野餐
- 图书馆
- 舞蹈
- 狩猎旅行

小窍门

在这个区角里存放一些生活中常见的、与储备箱主题相关的印刷品。比如空的燕麦盒子、旧的电话簿或是餐馆菜单等都是可以供孩子们在本区角里使用的印刷品资源。

材料

本区角的某些材料可以长期使用(如模拟厨房)。提供真实的表演道具(如各种炊具、熨斗、去掉电源线的吹风机等)可以丰富孩子的生活体验,还可以开拓他们的兴趣范围。你可以从以下途径获得成人尺寸的衣服和鞋子作为演出道具:家庭甩卖、二手货市场以及请求家长捐赠。

存放

该区角所需物品存放地应与日常生活中同类物品存放地相一致。如食品应保存在冰箱里,碗碟应放置于碗柜中,正式礼服应悬挂在衣橱里。此外,为每类物品进行文字和图片标注,这样不仅可以提高孩子的条理性意识还可以帮助他们识字。

区角置换

"表演区"还应该具有灵活性的特点,即可以通过对设置略加改动而使其适宜某一主题的表演活动。比如说如果班级的现阶段主题是"情人节"和"社区服务",那么只需在该区角添加以下物品就可以将其转换成一个邮局的场景:邮筒、邮递员专用包、信封、磅秤、印台和邮递员工作服。该中心还应该备有"幻想戏"所需的各式道具。

小窍门

"表演区"是个典型的"活动区",适合紧邻着"积木区",以方便积木搭建中可能需要的"拓展游戏"。但一定要远离"安静区",如"阅读区"和"听音区"。

表演区材料清单

- ❑ 儿童用厨房场景（水池、灶台、橱柜以及冰箱）
- ❑ 各种食物道具（包括其他文化中的食物道具）
- ❑ 盘子
- ❑ 杯子
- ❑ 刀叉
- ❑ 炊具（量勺、搅拌器、碗、隔热垫、木勺、打蛋器、烘焙模具、围裙和罩衫、擀面杖、漏勺、砧板）
- ❑ 各种成人衣物（围巾、外套、长裤、夹克、套装）
- ❑ 各种成人鞋子
- ❑ 社区服务者制服
- ❑ 假发
- ❑ 各种帽子（包括各种职业帽，如消防员用帽、警察用帽、护士用帽、军用头盔等）
- ❑ 洋娃娃
- ❑ 娃娃屋（婴儿床、高脚椅子、手推童车）
- ❑ 镜子
- ❑ 全家福照片
- ❑ 梳妆台
- ❑ 衣帽架
- ❑ 电话机
- ❑ 儿童用桌椅
- ❑ 儿童用沙发
- ❑ 木偶
- ❑ 木偶剧院
- ❑ 熨衣板和熨斗
- ❑ 扫把和簸箕

积木区

积木区不仅可以提高孩子解决问题和将物品分类的能力，还可以培养他们的数学和语言概念。

- 积木区可以通过开展以下活动来发展孩子的数学概念——估算、数数、搭建各种造型等。
- 让孩子们为他们所搭建的东西命名或者鼓励他们对此进行讨论，有助于发展其语言能力。
- 通过搭积木，孩子们会发现事物间的关系，获得平衡的概念，并能发展手眼协调能力。为了方便较大构造物的诞生以及拓展游戏的开展，这个区角需要较大的空间。
- 将这个区角与“表演区”毗邻而居是最佳方案，既有足够的活动空间，又可以共享很多物品。

积木的类型

这个区角应该为孩子们提供形状各异，种类繁多的木质积木，包括各种配件。单元积木、空心积木和带网格线的积木是年幼孩子玩耍的常用积木。

- 单元积木是那种带有圆角和圆边的传统木质积木，可以用来搭建各种建筑式样。
- 空心积木是那种中间有开口的、体积较大的积木块。它们的特点是轻巧，适宜孩子们搬运，可以用来搭建较大的物体——大到可以允许孩子钻进去进行各种游戏。比如玛丽和米切尔正在搭一辆车，他们选择用空心积木作汽车的底盘、座椅和侧边。玛丽还去表演区取来了枕头放在汽车座椅上作靠垫，又取来装满了食物的野餐篮子，看似要去旅行。然后两人爬进车里坐好，扮演一回开车出门旅游的场景。
- 带网格线积木块通常体积较小，形状多样，而且多为彩色，用来搭建小型物体。

标注

将空心积木和单元积木放置在敞开式置物架上，架子外面贴上对应的纸质剪影，这样便于整理。

小窍门

积木区应该远离安静区和人员穿梭频繁的区角。

 正方体	 单元积木
 两倍单元积木	 四倍单元积木
 斜坡积木	 大号圆柱体积木
 小号圆柱体积木	 棱柱
 1/2 棱柱	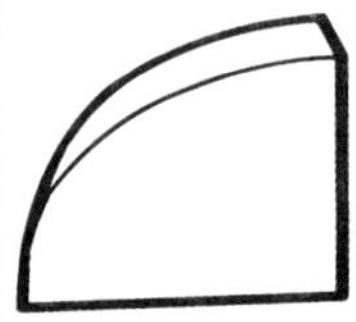 1/4 圆柱体
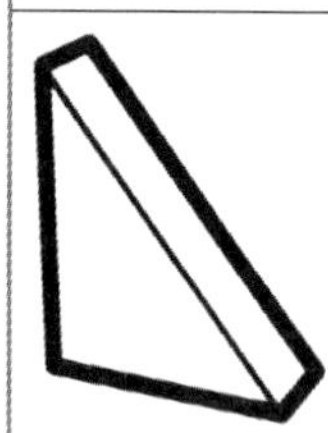 大号三角体	 小号三角体
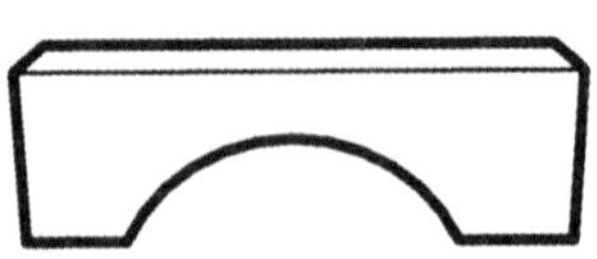 拱门	 长条板

积木区材料清单

- ❑ 各种单元积木
- ❑ 各种空心积木
- ❑ 各种带网格的积木
- ❑ 火车及轨道
- ❑ 人形木块(来自不同文化的)
- ❑ 路标牌
- ❑ 轿车和卡车模型
- ❑ 塑料的结构物
- ❑ 农场里的动物
- ❑ 动物园里的动物
- ❑ 恐龙
- ❑ 复活节草
- ❑ 碎布头
- ❑ 盒子
- ❑ 绳子
- ❑ 滑轮
- ❑ 薄的橡胶管
- ❑ 小方块地毯
- ❑ 大块地毯

艺术区

艺术区是一个供孩子对各种材料进行探究并用其进行创作的场所。创设这个区角的目的不在于强调孩子创作的结果,而在于孩子创作的过程。比如不要一味地要求孩子的作品看起来和你的一样,相反,应该鼓励和欣赏他们的原创精神。每个孩子在了解各种艺术材料表达功能的同时都会创作出自己的作品。理解孩子作品的途径之一就是倾听他们在创作过程中的喃喃自语。同时这也是个很好的教学时机,可借机向他们传达“黏稠”、“混合”等词汇的意思,以及介绍他们所使用的各种物品的名称。有技巧地向他们发问,并鼓励他们尽可能多的用语言交流。

作品展示

在展示孩子的作品时一定要表达对他们的尊重。比如定期更换所展示的作品、将作品放在适宜孩子的视觉高度等。为了表示你认可班里所有孩子的努力，你不能忽略任何一个孩子的作品。此外，在这个区角还可以展示一些名家名作，这不仅有利于营造一种令人愉悦的美的氛围，还能培养孩子的艺术欣赏能力。

位置

艺术区应该光线充足，且临近水源，这样便于清洁。在桌上或地板上铺一层塑料台布以防沾上颜料或胶水。各种艺术材料应该有条理地放置在较低的架子上，且有相应的图片和文字标注。必须保证此处为孩子们提供的艺术材料是适宜他们年龄的、方便取用的和高质量的。

恰当的赞美

当孩子拿着自己的作品走向你时，一定要给予最恰当的赞美，因为这会更加激发他们的创意表达。不要用这样的评语："嗯，我喜欢你的画！"这样的"认可"会诱导孩子为了讨好你而去创作。可以使用以下这种带有分析性的评语："这边用了红色，这边用了蓝色，将它们混合在一起变出了紫色。"记住：你的评语要能反映出孩子的创作。再比如说："哦，你用黄色在这里画了一个圈。那里面的漩涡是怎么画上去的？"千万不要说："这是什么？"因为这会让孩子很伤心，他们觉得自己非常努力地在创作，你应该知道他们画的是什么。

小窍门

要为孩子的作品制作出边框的效果，这很简单，只要在孩子完成的作品后面放一张彩色的纸就可以了。

询问孩子作品时可选用的一些恰当提问：

- 这是由什么制作的？
- 告诉我你的画里发生了什么？
- 你在讲一个故事吗？告诉我你讲的是什么故事？
- 你用的是什么材料？
- 你做这个时是什么感受？
- 这幅画里你最喜欢哪个部分？

记录

- 如果孩子有机会向你讲述自己的作品，你可以将其记录在他们的作品上，或另取一张纸记录下孩子的话。
- 这样的记录如同你将语言揉进这幅绘画作品中一般。
- 记录时要对孩子表示尊重。如果他们说“不要在我的画上写字”，那你就不要在他们的画上写，因为孩子可能认为你在破坏他的作品。所以，动笔前一定要先询问。
- 记录时务必保证语言的真实性和准确性。孩子怎么说你就怎么记，哪怕是有语法错误的表达，这样等于是在向孩子传达：他们所说的话是有意义的！

小窍门

如果直接在作品上作记录，要选用一支颜色与作品本身相一致的笔，这样才不会让你的字喧宾夺主。

艺术区材料清单

❑ 胶水和胶棒
❑ 按颜色进行分类的空白纸
❑ 各种杂七杂八的物品（锡箔纸、面巾纸、毛线、纽扣、通心粉、绳子、细线、缎带、花边、毛毡、木材边角料）
❑ 罩衫、旧衬衣、围裙
❑ 画架
❑ 颜料
❑ 各种画笔
❑ 彩色牙签
❑ 美术纸
❑ 剪刀
❑ 淀粉
❑ 彩色蜡笔
❑ 彩笔
❑ 皱纹纸
❑ 晾衣架
❑ 手指画颜料
❑ 手指画纸
❑ 黏土
❑ 油泥
❑ 各种烘焙磨具
❑ 邮票及印台

- ❑ 杂志、商品目录、问候卡、报纸
- ❑ 打孔机
- ❑ 铅笔
- ❑ 清管器
- ❑ 订书机
- ❑ 陶土
- ❑ 胶带
- ❑ 泡沫托盘

艺术区材料清单

模型面泥（生）

1 量杯冷水
1 量杯盐
1 茶勺植物油
食用色素
3 量杯面粉
2 汤勺淀粉

将水、盐、油和足量的食用色素充分拌匀，再慢慢加入面粉和淀粉并充分搅拌，直至达到做面包时所用的生面团的坚实度，然后将其存放在密封的容器内。

模型面泥（熟）

1 量杯面粉
1 量杯水
1 汤勺油
1 汤勺明矾
1/2 量杯盐
有香味的饮料粉
食用色素

用一个锅将所有干的原料相混合。在另一只容器里放入油、食用色素和水，并充分搅拌。慢慢将流质原料倒入干粉中并不断搅拌。将混合物用中火烹饪至土豆泥的质地，且混合物能与锅自然分离。从火上取下，揉捏原料至手感光滑即可，再存放于密封容器内。

糨糊

淀粉

水

用于着色的蛋彩画颜料

将同等数量的淀粉和水放入碗中,加入用于着色的蛋彩画颜料。这个混合物是固体还是流质的? 让孩子去探究吧! 该材料用完后即刻扔进垃圾桶中。

花生酱模型面泥(可食用)

1 量杯蜂蜜

1 量杯花生酱

2 量杯奶粉

将所有原料混合在一起。如果混合物太粘,可以再加入一些奶粉。该材料不可重复使用。

制作彩色面条

1 个大的自封口塑料袋

1/4 量杯醋

各种形状和尺寸的面条

食用色素

纸巾

先在塑料袋中放入醋,再加几滴食用色素,想加多少就加多少,色素越多,颜色越深。倒入面条(至袋子的 3/4 处),晃动塑料袋,使面条充分着色。然后将面条倒在干的纸巾上,让其自然晾干。

泡泡乐

一个干净的大桶

10 量杯蒸馏水(冷)

1 量杯洗涤剂

3～4 汤勺甘油

将以上配料混合在一起,轻轻搅拌。

科学区

科学区（也被称为“探索与发现区”）是一个满足孩子们以下需求的地方：对事物形成科学的认识、检验自己的想法。孩子们与生俱来的好奇心使他们成为一群最称职的观察员，而这个区角则为他们提供了一个最佳的实践（发明）场所。在这个区角可以从事的活动有：观察、对比、对物体分类和做实验；所涉及的概念有：形状、大小、容量和数量。

陈列的物品

这个区角常用的陈列物品应该放置在一个临窗的安静区域。

- 天然物品如植物、花卉、松果、贝壳和石头。
- 活的小动物，如鱼、农田蚂蚁、兔子、豚鼠、乌龟等。
- 轮换这个区角所展示的物品可以有效避免孩子产生厌倦感。

其他主题

除了以上的物品之外，这个区角还可以揉进一些别的主题，如五官感觉、水、天气、季节、植物与花卉、人体解剖以及可移动的物体。孩子对一切都有好奇心，因此个个都是小小科学家。他们会自发地探究自己所生活的这个世界，并且乐此不疲。这个区角将帮助你充分开发孩子们的天赋。

小窍门

在教室的窗户外面安放一个野鸟喂食器，可以有助于孩子们观察野外生物，拉近孩子与野外的距离。

科学区材料清单

- ❑ 树叶
- ❑ 镜子
- ❑ 显微镜
- ❑ 植物
- ❑ 四人象棋
- ❑ 手电筒
- ❑ 万花筒
- ❑ 颜色棒①
- ❑ 锁
- ❑ 磁铁
- ❑ 磁铁球
- ❑ 各种零件
- ❑ 简单机械
- ❑ 放大镜
- ❑ 望远镜
- ❑ 钟摆
- ❑ 棱镜
- ❑ 岩石与贝壳
- ❑ 土壤与各种种子
- ❑ 玻璃球
- ❑ 温度计
- ❑ 音叉
- ❑ 喷壶
- ❑ 动物图片
- ❑ 昆虫图片
- ❑ 尺子
- ❑ 天平

① 译者注:颜色棒(color paddle),用来帮助孩子识别颜色的玩具,很多是透明塑料做的。将不同颜色的棒叠加在一起,就能看出颜色的变化,如将蓝色和黄色叠放在一起,就能看见绿色。

感觉区

感觉区，也被称为“沙水感受区”，通过向孩子提供各种介质来发展他们的感官。在这里，孩子们通过多种活动——如舀水、挤捏、混合和测量——锻炼他们的运动技能。用于这种感觉发展的桌子或大宽口箱可以买得到，不过一只桶其实就可以满足要求。

安全性

- 本区角所提供的材料一定要与孩子的年龄相适宜。如果您班里的孩子初学走路，那么一定要选择那些不会导致窒息的较大物品。
- 水具有宁静和舒缓的特质，可以经常使用，但切记要每日更换。
- 要时刻提醒孩子，不要将小东西放入鼻子或耳朵里。如果发生了孩子被东西卡住的情况，千万不要自作主张，试图将东西取出，也不要让孩子做各种尝试，应该立即通知校医和孩子的父母。
- 更换宽口箱里的物品前务必用清洁剂清洗箱体内壁。该区角适宜安排在一个易于清洗的空间，如瓷砖或漆布上。

规则

孩子们到这个区角玩耍之前需要给他们定几条规则，这样才能保证孩子们不会将教室搞乱。

感觉区规则：

- 感觉区宽口箱里的物品只能摆放在本区角的宽口箱里。
- 孩子应该穿上罩衫再玩耍。
- 如果箱子里的物品掉在地板上，由刚使用过物品的孩子负责将其清理干净。

和孩子一起玩

向孩子提出一些开放式问题有助于培养和开发他们的批判性思维，而同孩子们一起在感觉区玩耍则给你提供了最佳的提问时机。开放式的问题包括“你觉得为什么沙子会流得这么慢”、“如果你往沙丘加水会怎样”等。

感觉区材料清单

- ❑ 感觉区用的宽口箱
- ❑ 宽口箱盖子
- ❑ 罩衫
- ❑ 各种大小的模具
- ❑ 海绵
- ❑ 塑料瓶
- ❑ 量杯
- ❑ 小汽车
- ❑ 船
- ❑ 塑料管
- ❑ 打蛋器
- ❑ 漏斗
- ❑ 图片
- ❑ 虹吸管
- ❑ 滴眼液
- ❑ 吸管
- ❑ 铁锨
- ❑ 水桶
- ❑ 长柄勺
- ❑ 沙耙[1]
- ❑ 面条
- ❑ 大米
- ❑ 沙子
- ❑ 豆子
- ❑ 玉米粒
- ❑ 玉米粉
- ❑ 鸟食
- ❑ 面粉
- ❑ 盐
- ❑ 棉球

① 译者注：沙耙（sand comb），在海滩玩耍时所用的玩具之一，用来平整沙堆。

音乐和身体活动区

身体的律动对于年幼的孩子而言是再自然不过的事情。他们大多喜爱各种节奏、拍子和旋律,并乐意随之一起哼唱或扭动身体。因此,“音乐和身体活动区”可以为他们提供很好的机会,供他们发展肌肉协调性、促进情感表达、提高对自己身体的意识、从身体律动中获得自信、学习弹奏乐器等。该区角的声音易对他人产生干扰,所以宜设置在远离安静区的地方。

材料

这个区角应该为孩子提供如磁带、CD这样的试听设备,以及放置于矮架子上的方便孩子取用的乐器。所提供的音乐作品既应该包括古典的,也应当包括当代最流行的40首乐曲。另外还应该培养孩子对不同类型音乐的欣赏能力。

规则

为这个区角制订几条规则,比如:

- 善待乐器。
- 音量适中。

存储

要对每一件乐器进行标注,要求孩子每用完一件乐器即放回原处。准备一些围巾、彩条装饰、装有豆子的布袋等,以供孩子们进行创意表达。你选作“圆圈活动”的地方就是个不错的用作音乐和身体活动的区角。此外,该区角需要有足够空间便于孩子自由地扭动身体。

小窍门

设立这个区角的目的不是训练孩子完成一些特定的身体活动，也不是评判他们的身体摆动是否优雅。每个孩子身体的扭动能力各不相同，对身体的意识也存在差异，所以你只需对他们表示欣赏。你的态度越积极，孩子对自己身体以及身体律动就越感到自信和坦然，这样他们就越乐意进行各种尝试和挑战。

音乐和身体活动区材料清单

❑ 可供孩子自如扭动身体的空间
❑ 音乐播放器(CD 机和卡带机)
❑ 磁带
❑ CD
❑ 围巾和彩条装饰
❑ 装有豆子的布袋
❑ 钢琴
❑ 单页乐谱
❑ 节奏棒
❑ 吉他
❑ 铃
❑ 手鼓
❑ 鼓
❑ 沙铃
❑ 三角铁
❑ 木琴
❑ 自动竖琴
❑ 自制乐器

电脑区

成年人对于幼儿园教室里是否应该配置电脑的问题各执一词。有些教师认为孩子在家中已经将大量时间用于玩电脑和看电视，因此学校应该提供些可供孩子亲自参与的活动。也有些教师认为电脑是当今文化不可缺少的一部分，可以为孩子们创设学习的机会，还能获得迅速地积极反馈。

如果安排得当，这个区角可以发展孩子的以下能力：

- 前阅读；
- 语言；
- 分辨因果关系；
- 解决问题；
- 手眼协调；
- 分类；
- 小肌肉群发展。

位置

如果你考虑在教室里安放电脑的话，应注意以下事项：

- 将电脑放置在避光处，保持恒温（避免过冷或过热的环境），并且远离教室里的活动区。
- 将电脑放在桌子上，保证其与孩子的视线持平。电脑的大小最好是适宜两个孩子同时观看或使用。
- 电脑里安装的游戏应该具有激发孩子批判性思维的作用，发展其对数学、语言、自然科学等方面的兴趣和好奇，而不应该只为打发时间而已。

共同游戏

- 鼓励孩子在此区角共同游戏，有助于发展他们的社会交往和相互协作解决问题的能力。孩子们可以在此讨论已经发生了什么，接下来该怎么做等问题。

- 孩子在此区角的游戏时间不得超过20分钟。
- 可在此区角设置一个定时器，时间一到孩子们必须选择另外一个活动区角。

规则

孩子们到这个区角玩耍之前需要给他们定几条规则，这样才能保证孩子们不会将教室搞乱。

电脑区规则

- 教师是唯一可以改变电脑里游戏设置的人。
- 电脑的配件易坏，请务必小心呵护。

将电脑与其他区角相整合

- 电脑可以作为一种书写工具与书写区相整合。可以允许孩子使用文字处理软件熟悉字母。渐渐地，你会发现有孩子在键盘上寻找某个字母，还能打出某些环境文字[①]以及他们自己的名字。
- 电脑还可以作为教学工具使用。允许孩子观看你操作电脑。如果你教室里的电脑可以上网的话，则可以大大方便家长发电子邮件给你或给他们的孩子。(也可以允许孩子给家长发邮件)不论是家长还是孩子，他们接到邮件时都会非常开心的。

电脑区材料清单

- ❑ 电脑
- ❑ 电脑桌椅
- ❑ 与孩子年龄相适宜的电脑游戏
- ❑ 计时器
- ❑ 耳机

---

① 译者注：环境文字(environmental print)指的是日常生活中常见的各种印刷符号，如麦当劳的图标、沃尔玛的招牌等。这其中的文字、数字、颜色等都是教小朋友们开始阅读和书写的好素材。

书写区

书写区为孩子提供了大量的书写和熟悉手写体文字的机会。辅之以每日必备的“读故事”活动,你会发现孩子对这个区角的兴趣与日俱增。

能力的范围

这个区角所涉及的幼儿的能力范围很广。

- 你班上有的孩子可能还处在“涂鸦”阶段,有的孩子可能已经能够写出几个单词甚至句子。
- 书写过程有助于孩子小肌肉群的发育以及手眼协调能力的发展。在这个年龄阶段培养孩子的书写能力对孩子至关重要。孩子对语言、书写以及书写工具接触得越多,对阅读和书写就会越有兴趣。

听、说、读、写

听、说、读、写四种语言能力密切相关。

- 一个孩子不可能开口说一个他/她从未听到过的词。
- 一个孩子不可能念出一个他/她从未开口说过的词。
- 一个孩子不可能写出一个他/她从未开口念过的词。

阅读和写作会为一个人的未来岁月奠定成功的基础。如果想培养一个人对阅读的终身热爱,你需要向他们传递语言的重要意义,而这取决于你的努力:你能读多少东西给他/她听、你能让孩子开口和你说多少话、你如何向孩子强调书写文字的重要意义等等!

文字记录

最好直接用孩子所写的文字——哪怕是拼写不正确的——去记录他/她的书写成长过程。这会让他们意识到自己所写的东西是有意义的,且会将他们书写的文字和言语建立某种联系。

活动

确保这个区角里所设置的活动对孩子的成长有意义，鼓励他们做以下事：

- 创作自己的“书”。
- 模仿环境文字。
- 写下他们知道的单词。
- 用字母做游戏。

你可能会发现有些孩子的拼写很有创意，此时少纠错、多鼓励！因为每个孩子按照自己的节奏学习阅读和书写过程时，都会历经各种困难，你的目的是要培养他们对阅读的热爱——终生热爱阅读！

书写区材料清单

❑ 纸张
❑ 有格子的稿纸
❑ 订书机
❑ 起钉器
❑ 打孔机
❑ 剪刀
❑ 钢笔
❑ 彩笔
❑ 彩色铅笔
❑ 铅笔
❑ 字母贴花
❑ 打字机
❑ 胶水
❑ 粉笔和粉笔用写字板
❑ 白板
❑ 配图词语卡片
❑ 有空白页的书
❑ 杂志
❑ 图片
❑ 字母模板
❑ 图解字典
❑ 写有孩子姓名的卡片
❑ 写有句子的卡片
❑ 与某一主题有关的文字和图片（如动物、食物、花卉、社区服务人员等）
❑ 顺序卡
❑ 字母游戏
❑ 字母积木
❑ 有字母磁贴的磁性贴板

阅读区

阅读区是一个孩子可以坐着进行独立阅读的地方。这个区角应该保持安静及舒适，适宜临近书写区和听音区。

家具

为了给孩子提供一个最佳的阅读场所，本区角必须能让人感觉放松和惬意，因此需备有以下家具：枕头、毯子、摇椅、沙发等。有些教室里还放有塑料充气游泳池或大浴缸，里面铺上柔软的东西，以便孩子自由阅读。

存储

这个区角需要一些书架来放置书籍。

- 开放式书架可以方便孩子了解教室里有哪些书可供他们阅读。
- 在书架上摆放适量的读物。摆放太多的书籍有以下弊端：① 难以保持书架整齐；② 会增添孩子还书时的困难(不确定该把书放在哪里)；③ 孩子不懂得珍惜图书。
- 书架之外的读物按不同类别用篮子装好。可按图书的主题分类(如动物、人、非小说类文学作品)，也可按读物类型分类(如图书、报纸、杂志等)。

材料

多为孩子们提供一些种类各异的印刷材料，可以是图画书、儿童读物、知识性读物、孩子们自己制作的书、杂志和报纸等。

小窍门

规定可同时在此区角里阅读的人数(如3～4人),避免人多引起的嘈杂和拥挤。

阅读区材料清单

- ❑ 柔软、舒适的家俬(如枕头、毯子和垫子)
- ❑ 塑料玩水池或浴缸
- ❑ 孩子自制的书籍
- ❑ 杂志
- ❑ 报纸
- ❑ 书架
- ❑ 可放置篮子的置物架
- ❑ 百科全书
- ❑ 法兰绒板[①]
- ❑ 木偶
- ❑ 幻灯机和可用幻灯片播放的故事
- ❑ 手指布偶

听音区

在这个区角里孩子可以自行选择某本带有音频或视频的书,一边听一边翻看。这个活动可以个体完成,也可以几个小朋友一起完成。

位置

这个区角应该紧邻阅读区。CD播放器或卡带机应该放在孩子能够得着的桌子上,桌子的

① 译者注:法兰绒板,一种教学用具,示教用的图例等经按压可黏附其上。

大小最好能允许两个孩子同时使用。

材料存放

书及其配套的CD或磁带应该存放在一起。

- 你可以选用悬挂架来摆放材料。也可以将材料存放在透明文件袋中，再整齐地码放在塑料储物箱或篮子里。
- 将材料放在透明文件袋里便于孩子选取他们想要的东西，以免翻箱倒柜，将东西弄乱。
- 培养孩子以下习惯：听完一个故事以后，需要将材料（书和配套的磁带或CD）一起放回原处，才可以选择下一个听音材料。这样可以避免书与配套的音频材料分家。

标注播放器的各个按键功能

对CD播放器或卡带机进行以下标注：

- 绿色标签表示“播放键”。
- 黄色标签表示“倒带键”。
- 红色标签表示“停止键”。
- 蓝色标签表示“开启键”。

向全班孩子介绍每种颜色所标注的按键的功能，这样可以培养孩子独立使用各种设备的能力。

小窍门

如果班里的孩子特别喜欢某一个故事，经常要你读给他们听。你不妨将你的“说书”录在磁带或CD上，并将其与相应的书本放在一起。孩子们听到你的“说书”会非常开心。

听音区材料清单

- ❑ 桌子
- ❑ 椅子
- ❑ CD播放器或卡带机
- ❑ 各种配有磁带或CD的书
- ❑ 透明文件袋
- ❑ 塑料宽口箱、篮子或悬挂架
- ❑ 耳机

设备维护

教室里使用的资源可分为两类:易耗品和非易耗品。你需要做的是列个清单,注明哪些材料需要添置以及多久添置一次。然后将清单交给学校的相关人员。

易耗品	非易耗品
• 易耗品包括需经常更换的彩笔、纸张、蜡笔、黏土、道具用面粉、颜料。 • 易耗品的采购可以每季度一次或一年两次。	• 非易耗品包括剪刀、胶水瓶、操控型玩具、智力玩具、置物架、画架、地垫以及干物架。 • 非易耗品一般来说一年采购一次。如果你所在的学校一年采购一次,你需要列一个清单,记录下已经损毁的或需要更换的非易耗品名称。

订购教室里的设备和材料,并对其进行维护并不困难。

- 你所在的学校应该储存一些易耗品,如各种纸张、胶水、颜料、彩笔、蜡笔、各种贴花,以备不时之需。
- 你还需要备有一些额外的材料,如面巾纸、吸管、乳液和羽毛。
- 如果你所在的学校没有一份现成的订货表供你参考(你所需要订购的物品),你可以参照下面的"月历表"加以添置。
- 提前数月订购你所需要的物品。

小窍门

参照下页的节日及以月为单位的常用活动主题,便可获得你想要的物品清单了。

假日和主题活动所需物品清单(以月为单位)

月份	主题	用作公告牌的厚而不透水的纸	其他
九月	• 认识我自己 • 我是个能干的孩子	• 白色 • 紫色	• 胶卷 • 用来摹画孩子身体轮廓的厚纸 • 某些边角料 • 毛线 • 壁纸样本簿
十月	• 秋天 • 预防火灾 • 万圣节 • 安全 • 全国爆米花周	• 黑色 • 橘色 • 红色	• 南瓜 • 爆米花 • 橘色荧光笔 • 黄色荧光笔 • 纸盘子 • 面巾纸
十一月	• 美国土著人 • 值得感恩的人和事 • 礼貌 • 全国读书周	• 棕色 • 紫色	• 羽毛 • 棕色购物袋 • 有多种文化元素的纸张 • 有多种文化元素的记号笔 • 曲头钉 • 塑料装订机
十二月	• 冬天 • 世界各地的节日	• 蓝色 • 白色	• 制作以及包装礼物所需的材料 • 闪光物质 • 美术纸 • 熟石膏 • 面巾纸 • 吸管 • 圣诞树 • 清管器 • 液态淀粉 • 蜡烛

续表

月份	主题	用作公告牌的厚而不透水的纸	杂项
一月	• 新年 • 住在雪里的动物 • 冬眠的动物 • 马丁・路德・金日	• 粉蓝色 • 白色	• 圣诞帽 • 扩音器 • 假的雪花 • 可代表各人种肤色的彩色纸 • 各人种肤色颜料
二月	• 二月二日圣烛节 • 情人节 • (二月第三个星期一)总统日 • 感情	• 粉色 • 红色	• 信封 • 有黏胶的标签纸 • 心形模板 • 红色荧光笔 • 红色桌巾 • 红色绘画纸 • 白色绘画纸 • 粉色绘画纸
三月	• 苏斯博士① • 农场动物 • 动物园动物 • 圣帕特里克节②	• 绿色 • 蓝色	• 红色绘画纸 • 白色绘画纸 • 棉球 • 黄色羽毛 • 毛线 • 金色荧光笔
四月	• 春天 • 植物 • 花园	• 黄色 • 粉蓝色	• 各种种子 • 园艺工具 • 土壤 • 可供孩子种植种子的花盆 • 彩色粉笔画用纸 • 绿色清管器
五月	• 昆虫 • 母亲节	• 粉蓝色 • 橘色	• 制作以及包装母亲节礼物所用材料 • 绿色的塑料盖子
六月	• 交通 • 父亲节	• 红色 • 紫色	• 可以用来制作各种交通工具的硬纸板 • 颜料 • 用作车轮的纸盘子

① 译者注:苏斯博士(Dr. Seuss)是美国最受欢迎的儿童文学作家和插图画家。

② 译者注:圣帕特里克节(St. Patrick's Day)是每年的 3 月 17 日,是为了纪念爱尔兰守护神圣帕特里克。

续表

月份	主题	用作公告牌的厚而不透水的纸	杂项
七月	• 夏天 • 美国独立日（国庆节） • 海洋动物	• 蓝色 • 黄色	• 红色绘画纸 • 白色绘画纸 • 蓝色绘画纸 • 荧光笔 • 吸管 • 星形标签贴 • 海洋动物造型的橡皮图章 • 贝壳 • 沙子
八月	• 野外露营 • 为进入新学校、接触新教师做准备	• 棕色 • 红色	• 面巾纸

物品订购

订购物品一般由学校的专门人员负责，除非特殊情况，否则你无需负责这一事务。但是如果你临时受命，以下建议可供你参考。货比三家非常重要。首先商品价格和质量千差万别。其次供货速度参差不齐。有些商家可以在你订货的第二天就送货上门，也有些商家可能花上一个月。有时你亲自上门采购可能更节约成本。

数量

采购时不妨考虑那些可成批购买的物品，这样不仅可以为你节约开支，暂时不用的物品还可储存起来留待后用。适宜成批购买的物品包括各种手工艺品原材料、彩蛋颜料、霓虹颜料、胶水、绘画纸、手指画用纸、画架用纸、乳液、告示栏用纸等。

- 一打：如果可能，按“打”为单位购买，这样你可以购得 12 个。

- 一卷：按“卷”购买，你能购得一卷丝带等。
- 一套：如果是成套出售的商品，目录上会注明某一价格所含的商品件数，不同价位的成套商品所包含的件数差别很大。比如储物篮，4.94 美元一套，共有 8 个篮筐。
- 规格（尺寸）：如果是按照尺寸规格出售的商品，目录上会注明某一价格所含的商品件数，虽然价位相同，但不同规格的商品所包含的件数也不同。比如可以花 7.95 美元购买一组工艺纽扣，其中一种大纽扣每组 95 件，小纽扣每组 200 件。
- 一罗：如果按“一罗”为单位购买商品，你可以获得 144 件。比如你打算购买一罗万圣节粘贴标签，那你就会收到 144 件这样的商品。
- 纸张：绘画用纸可以考虑购进两种规格，即 23 cm×30 cm 和 30 cm×46 cm。不过只购进 30 cm×46 cm 规格的用纸可能更划算，你可以用刀将其一分为二，就能得到另一规格的绘画纸了。无论购买什么商品都要货比三家，可能某一家的颜料便宜，而另一家的纸张便宜。

小窍门

如果你不负责采购，一定要记住向负责采购的人员提供一份所需物品的清单。

幼儿园的一日生活

The Preschool Day

常 规

常规是指日程表中有规律开展的活动。常规的确立有以下好处:① 便于孩子知晓下一活动安排是什么;② 帮助孩子形成时间流逝的概念。那些反复无常的日程安排会让人无所适从,不仅会给孩子带来挫折感,也会让教师手忙脚乱。

- 例如,如果常规安排是在室外活动后进行小组活动,那么孩子们回到教室后会自动组成小组,准备进入下一环节。
- 一套良好的常规项目机制也会使你的工作得心应手。你无需喋喋不休地告诉孩子该去哪,下一步该做什么等。
- 如果有代课教师来上课,你的常规项目也能将教室维护得井然有序,因为孩子们都很清楚下一步该做什么。
- 为了使常规项目能顺利开展,不妨在活动之间安排一个具有标记性的过渡节目。比如每次清洁活动区角时都播放同一首音乐,目的是训练他们在音乐播放完毕之前结束清洁工作。如果每次都播放同样的音乐,他们就清楚该花多长时间去打扫卫生以便进入下一项活动。
- 如果你需要孩子将注意力集中在你身上,可以使用同一个手势,便于他们了解你的意图。
- 如果因为某个原因需要改变你的日程安排,你需要尽早通知你的学生。有些孩子习惯并喜欢常规项目的可预见性,临时的改变会让他们不开心。
- 活动的常规性也可以体现在同一个活动之中。在设计日程安排和教室常规项目时切记:孩子在没有被打断的整段时间内学习效果最好。
- 既定的日程安排并不表明它丝毫不可变动。在考虑到孩子的兴趣和需要的前提下,也可灵活处理。比方说清洁时间到了,可孩子们仍然沉浸在各自的活动当中,这时不妨将清洁推迟 15 分钟进行。你只需对课程安排略作调整即可,如适当缩短室外活动时间。有时因为和孩子一起游戏而忘了时间,这也没有关系,只要确保日程安排上的活动内容和顺序没有改变就可以了。

小窍门

在安排教学活动方面变通一些。不必过于担心时间，只要保持教学活动顺序不变即可。

一日生活环节

幼儿园一日活动安排如下：

- 问候孩子；
- 教师指导下的活动；
- 圆圈活动；
- 自选活动；
- 室外活动；
- 课间点心；
- 活动间的过渡节目。

以上这些是你日程安排中的必备项目。如果你所在的是全日制幼儿园，日程表中还需包括午餐时间和午休时间。

问候孩子

孩子和家长走进教室时，你要到门口和他们打招呼。一句“早上好”或“你/你们好”就可以充分传达你的礼貌，但人们往往会忽略这一细节。设身处地地想想：你走进一个满眼都是你朋友的房间，可是却没人招呼你！你的心情会如何？

每日健康检查

问候孩子还有另一个目的，那就是每日健康检查。

- 健康检查指的是从头到脚快速扫视一下孩子，看看孩子是否有生病的迹象。

- 健康检查可以这样开始:“你好,今天感觉怎么样啊?”同时还可以摸摸孩子的额头,看看体温是否正常。
- 注意观察孩子的脸和眼睛,看是否流露任何疲惫或疾病的样子。
- 健康检查还可以为你提供与家长沟通的机会。如果你注意到杰尼不够精神,你可以关切地询问:“杰尼昨晚还好吗?他看起来有点疲倦。”这为你与家长的沟通打开了一扇门。此时家长会告诉你昨晚杰尼做了噩梦,没有睡好,或者杰尼昨晚病了等。这种情况下你要将杰尼作为生病的孩子而特殊对待。
- 每天和家长的言语交流会让他们知道你是真心地关注他们的孩子。

问候孩子

进入教室的家长

鼓励孩子带其父母参观教室里的陈列,包括孩子正在创作的某件作品。这是个绝佳的机会,可以让家长了解孩子每天的学习和生活状态,让孩子和父母分享自己的成果。

分别

- 通常孩子很难同其父母说再见。给家长一个手势,暗示他们该最后一次说“再见”了,然后你要非常慈爱地、温柔地安慰这个孩子。
- 可以告诉孩子他们的父母会再回来,并且告诉他们一个大概的时间。比方说:“你妈妈会在午睡后过来接你。”这会让孩子有所期待。
- 如果你发现某个孩子经常情绪低落,要提醒家长务必在他们向孩子许诺的时间回来。假使家长说会在午睡之后过来,可是一直等到一天活动结束才来,这会让孩子内心非常焦虑。
- 通常,在分别时若看见孩子大哭,家长会非常难过且自责。此时教师要安慰家长,告诉他们孩子会没事的,也可以建议他们稍后打电话过来了解孩子的情况。
- 你需要留下家长的联系方式,方便你在无法安抚孩子的情况下联系家长。
- 分别对于孩子和家长都是痛苦的,所以教师对双方都应保持理解和同情。

缺席的孩子

- 如果有孩子连续 3 天缺席，且未接到其家长打来的电话，打个电话过去，看看这个孩子及其家人是否一切安好。这也表明你非常关注班上的孩子及其家人。
- 在做圆圈游戏时，指出哪个小朋友不在，并让其他孩子了解这个小朋友缺席的原因。如果是病假，你可以这样说："玛蒂已经病了两天了，我很想她！"如果孩子出去旅游，你可以这样说："约翰今天去了迪士尼，我想他一定玩得很开心！"
- 这些体贴的话语会产生非常积极的效果，等到缺席的小朋友回来时，班上其他孩子也会学着说一些这样温馨的话语。
- 孩子回来时，给他一些积极的评论，诸如"你回来了，我真高兴"，或"你的朋友都非常想念你！你回来了，他们一定开心极了"。你会发现在这些言语的积极作用之下，其他孩子都会热情地迎上去，欢迎他/她的归来。

开场活动

问候完毕，进入教室之后，孩子需要遵从每天的日程安排，这有助于建立晨间常规。

- 例如，协助孩子将随身的包和衣服挂好，找到自己的名字并将其放入"签到记录袋"中。在等候其他孩子的到来时，引导已到的孩子选本书，坐到自己的小座位上阅读。
- 如果你不想让孩子坐成圆圈阅读，晨间常规活动还有其他选择。孩子找到自己名字之后，可以在你选定并已开放的区角里活动。
- 开放的区角不要超过 3 个，否则会增加清洁的时间。
- 早晨开放的区角里应该有一些可进行具体操作且简单易学的活动，如捏面泥、瓶子与盖子配对、玩操控型玩具等。
- 一旦所有孩子都到齐，稍事片刻便可引导孩子进入晨间的圆圈活动。

签到

- 待孩子进入教室后，让他/她找到自己的名字并将其放入"签到记录袋"中。
- "签到记录袋"分为两排，一排用于男生，一排用于女生。
- 在晨间的圆圈活动中，邀请一位小朋友清点在场的男生和女生。
- 讨论一下哪方多，哪方少。
- 用夹子将写有相应男女数字的纸片夹在"签到记录袋"相应的位置上。
- 然后邀请全班小朋友清点在场的幼儿人数，并说出正确的数字。
- 在进行这项签到活动时要使用数学用语。比方说：

"今天我们这里有 5 个女孩,6 个男孩。"

"男孩比女孩多一个,所以今天男孩多,女孩少。"

"如果把所有的小朋友加起来,我们一共有 11 个,所以 5 加 6 等于 11。"

圆圈活动时间

圆圈活动时间是孩子们围坐在一起,从事某些活动的时间。在幼儿园阶段这是一个常规的活动时间,但其活动目的没有小组活动突出。

圆圈活动时间用于:

- 给孩子读故事,陶冶他们的文学情操。
- 听音乐并进行身体运动。
- 介绍新主题。
- 做日历游戏。

在每个孩子都落座之前,允许他们有足够的时间清理和归置前一活动所导致的凌乱事物,并鼓励他们和你一起唱歌等。

与此同时你还要确保孩子拥有个人空间,不让他们紧挨着坐在一起。

- 为了解决这一问题,你可以事先为每个孩子准备好一个小座位,以保证每个落座的孩子都有足够的个人空间。
- 不允许孩子擅自移动你已经安放好的小座位。
- 在座位上写上代码或孩子的名字,这样方便你控制谁与谁可以坐在一起,从而将不适宜坐在一起的孩子隔开。

晨间圆圈活动中你可以做以下安排:

- 给孩子分配任务。
- 发布通知。
- 做日历游戏。
- 报告天气。
- 允许孩子向你讲述一些"有趣的新闻"。

圆圈活动时间长度

圆圈活动时间以15分钟为宜。活动时间需与课程安排有关,且应该具有互动性。在这一时间里,应该安排人给孩子们大声朗读。

展示、讲述或分享日

你还可以将分享日的活动安插进圆圈活动中。选择一周一次或每周的同一天让孩子从家中带来一件与本周主题相关的物品。鼓励家长拿来书或是别的物品,但避免那些有暴力倾向的、易坏的或者太小且容易遗失的物品。

分享日物品的放置

在分享日这天,让孩子将拿来的物品放置在标注有"分享"的篮筐里。之后将篮筐放在一个孩子够不着的台面上。孩子必须在看不见篮筐里物品的情况下伸手进去摸才能得知里面放了些什么。

让我们开始分享日吧

在分享日的圆圈活动开始前,设计一个专门的"舞台"供孩子面向大家进行讲解。教孩子用这样的方式开始:"我的名字叫________,今天我带来了________。"然后面向全班同学介绍自己带来的东西。向这个孩子提一两个稍微复杂点的,而不是只用"是"或"不是"来回答的问题。

提问或赞美

- 在某个孩子介绍完自己带来的物品后,询问班里的孩子是否想提问或发表评论。
- 让讲解的孩子从举手的孩子中选择一两个进行提问或发表评论(积极的评论更受欢迎)。
- 这个活动可以为讲解的孩子提供以下机会:① 吸引众人的注意;② 在众人面前发言。
- 还可以为其他孩子提供机会:① 开动脑筋,提出一两个与物品相关的问题;② 向彼此说一些积极的话语。

分配任务(安排小助手)

给孩子分配任务有助于在班里营造一种集体氛围。班级里的每个孩子都应当承担某一项任务。分配任务可以每日一次,也可以每周一次。在每年开始或是介绍一个新任务时,向孩子解释清楚他/她具体要做什么,你的期望是什么等。分配任务时,需要在口袋式置物架或告示栏里用文字和图片对该项任务进行详细描述。

> **小窍门**
>
> 你可以使用一些暗号提醒小朋友们现在是圆圈活动时间了，比如唱首歌、倒数或有节奏地拍拍手等。

日常任务及小助手举例

- 日历游戏——在日历框中填入数字并引导全班孩子数出当月已经过去的日子。
- 天气——去室外查看然后画出或取出与当时天气相匹配的天气卡片。
- 小队长——带领全班孩子从教室来到幼儿园的另一处地方。
- 数数——在签到环节清点在场人数。分别清点男孩和女孩，然后将相应的数字卡片放入男孩和女孩栏中，并负责搞清楚男孩多还是女孩多。最后清点所有在场的小朋友人数。
- 椅子——这个任务需要两个孩子完成。每天放学后，将椅子垛好。
- 桌子——这个任务需要两个孩子完成。每次午餐完毕或用完点心，将桌子擦拭干净。
- 灯光师——根据教师的要求开/关灯。
- 座位小助手——在圆圈活动开始前或结束后帮助教师摆放或收取坐垫。
- 书本回收小助手——每次阅读结束后负责回收书本。
- 宠物管理员——负责为班里的宠物（如果有的话）喂食或换水。
- 信使——为办公室或其他教室传递信息。

如果你所在的幼儿园是全日制的，日常任务还应包括：

- 为午餐摆放餐桌——要保证每人都有自己的餐桌。做这些事的孩子还要负责摆放杯盘碗筷和餐巾纸。
- 睡垫小助手——帮助教师摆放睡垫用于小憩。

小窍门

利用下图的助手模板设立一个“小助手”公告牌。

通知

在通知时间告知孩子将要开展哪些活动，如果日程表发生变动，也可利用这个时间通知大家。比方说：“今天是星期三，是烹饪日，我们要做香蕉面包。”或者“今天我们要和史密斯老师的班级交换户外活动时间，因为他们需要较长的户外活动时间去完成一个科学实验”。

开心事

星期一最适合用来和孩子们一起分享他们的开心事。他们会利用这个机会讲述一些生活中的开心事，如早餐吃了什么、上个周末发生了什么或描述一个他们喜爱的玩伴。这是个供孩子讲述自己生活中有意义的事情的机会。每个孩子都要有机会开口，并引导其他孩子认真倾听。

音乐和身体运动

大组活动时间最适宜安排有关音乐的活动。孩子天生喜爱各种音乐节奏，并随之扭动身体。如果能让孩子置身于音乐之中并随着音乐扭动身体，这对他们好处多多，如可以提升他们对自己身体的意识、促进大肌肉群发展、提高身体各部位的协调性以及孩子的整体成长等。在教育商店里就可以买到那些适宜孩子的音乐设备，如CD、磁带及儿童乐器等。另外还可以借助于音乐介绍外国语言和外国乐器(参看“音乐和身体运动范例”)

小窍门

在开展“音乐和身体运动”活动时,教师要做示范。假如你要孩子像昆虫一样在地上爬行,你需要和全班一起来做这个动作,孩子是通过模仿来学习的。

音乐和身体运动范例

目标:语言发展,听从多种指令。

时间:10分钟。

材料: CD播放器,音乐CD。

词汇:光滑、粗糙、节拍、韵律。

过程:

1. 给每个孩子发两根节奏棒,一根光滑的,一根粗糙的。让孩子把节奏棒放在面前的地板上,成圆锥形。告诉他们这个圆锥形区域代表“安静区”。

2. 发出指令让孩子拿起那根粗糙棒,再拿起光滑棒。让他们用光滑棒摩擦粗糙棒。提问:“你有什么感觉”?“听起来是什么声音”?再发出指令让孩子将两根节奏棒放回“安静区”。

3. 发出相反指令:让孩子拿起那根光滑棒,再拿起粗糙棒,然后让他们用粗糙棒摩擦光滑棒。教师问“你有什么感觉”?“听起来是什么声音”?

4. 打开CD播放器,训练孩子听从指令。起初,孩子们在跟随音乐改变节拍和韵律方面都感觉困难,但熟能生巧,练习多了就容易了。

替代活动:节奏棒还可以被运用在“听从指令”和“跟我学”活动中。让孩子将节奏棒放在“安静区”中,再观察你的(1～2个)动作及动作顺序。例如,先用棒子敲击地面,再将其举过头顶,然后放回“安静区”。接下来让孩子重复他们刚才看到的动作。待孩子熟练动作后,再增加1～2个新的动作。

《McREL[①]音乐标准2》:独自或与他人合作弹奏乐器,多种音乐汇。Skill:1.

《McREL音乐标准3》:了解合适的准则,并将其应用到音乐和音乐表现中。Skill:1.

---

① 译者注:McREL(Mid-continent Regional Educational Laboratory)是一个私营的教育研究机构。向教育界提供大量的基于科学研究的报告,并提供有关教育的咨询服务。参见http://www.mcrel.org/about/what_we_do.asp。

日历活动

日历活动是幼儿园课堂里的一件重要教学工具，有如下作用：

- 可以让孩子直观地看到将来会发生什么。
- 可以让孩子回想起已经发生了什么。
- 可以让孩子练习日常使用词汇。

你可以在日历上对特殊的日子(如孩子生日)进行标注——放一张孩子的照片或生日蛋糕的图片。孩子自己会数日历表中的方框，并告诉他们的朋友离生日还有多少天。所有的特殊日子都可以这样标注。(参见下面的“日历活动范例”)

特殊的日子还可以包括其他文化中的重要节日，如中国的春节、犹太人的点灯节等。此外，也可以在日历上标明你可能缺席的日子，以方便孩子和家长有所准备。再者，日历活动也是你布置给学生的任务之一，可以允许负责的孩子将代表特殊日子的数字贴在日历上，并数出距离那一日还有多少天。

天气

可以通过记录每日天气向孩子介绍曲线图的概念，并引导他们理解环境的变化。在一张大纸上画上一个月的日历表。注明学校放假的日子。在这张天气日历表的旁边放上事先做好的各种天气卡片。

天气日历表无须复杂(参看本书里的天气日历表)。请负责天气的孩子走到窗前，观察并描述当日天气。然后请他回到天气日历旁，并在相应的空白处画出天气。在月末，数出每一种天气(晴天、雨天、多云、风暴、雪天)的天数并画出当月天气曲线图。

小窍门

让孩子在圆圈活动时间尝试不同的声音(交谈、耳语、喊叫和吟唱)，然后讨论哪种声音适宜在学习活动中使用。

日历活动范例

目标：语言发展

材料：

- 星期牌：用同一种颜色写出星期一至星期日。

• 月份牌：用另一种颜色写出一月至十二月。

• 用黑色写出“今天是”。

• 用四种颜色写出数字“1”至“9”。确保有两个“1”和两个“2”(用于数字“11”和“22”)。

(将这句话的每个部分写在不同颜色的纸上或用不同的颜色书写，这样有助于孩子区分句子的不同组成部分。用黑色将“今天是”写在告示牌上，有助于孩子自然习得这几个字)

时间：10分钟。

过程：

1. “今天是____________，____________……”孩子们需要更正这句话。“首先我们来看看今天是一周里的星期几，昨天是星期二。”

2. 取出星期牌，不要按顺序排放。将它们混放在一起，这样可以迫使孩子们思考“昨天”这个概念。然后举起“星期一”，问：“今天是星期一吗?”孩子们会回答：“不是。”再举起“星期三”问：“今天是星期三吗?”孩子们回答“是”。最后教师将这张星期牌贴在告示牌的正确地方。

3. 接下来要填写月份。不需要每天都重新填写这个部分，只需在每个月的第一天引导幼儿贴上正确的月份牌就可以了。

4. 最后是日期。可以在告示牌的“今天是”下面张贴一张日历。

- 有两种日历可用——活页式和非活页式。若是前者，每天将当天的日期安放在日历上；如果是后者，只需用叉叉划去已过去的日子。
- 指着日历上的正确日子问孩子这个日期是否与“今天是”这句话里所包含的日期相一致。孩子们应该回答：“不是。”因为在全班讨论之前，那句话里的日子和日期都应该是昨天的。
- 问孩子哪个数字不匹配。如果昨天是24号，那么指着2问：“这个数字与日历中今天的第一个数字一样吗?”孩子们回答：“是。”
- 再指着4问：“这个4与日历中的数字一样吗?”孩子们回答：“不。”

天气卡片

大声朗读

大声朗读是供全班孩子一起分享阅读的活动。这个活动不只是“你读，孩子听”那么简单。它更应该是孩子的知识、思想、情感相互交汇互动的活动。朗读时让孩子坐在自己的小座位上，围成半圆形或坐成排，确保每个孩子都能看见你读的那本书。然后，面对孩子并将书举至与孩子肩膀齐平的高度，向孩子缓缓展示这本书。（参看后文“集体朗读活动范例”）

- 首先向孩子展示书的封面，并问他们对该故事有何猜想。要记住：这里没有错误的答案。问孩子的问题应该是开放式的，如“你为什么这么想”，或者“是什么让你产生这种想法”。总之，要鼓励孩子多说话。
- 接下来，打开书，告诉孩子作者是谁并解释“作者”指的是写这本书的人，也是讲述这个故事的人。
- 然后告诉他们插图画家是谁并解释“插图画家”指的是为这本书作画的人。接下来开始读故事。鼓励孩子在听故事过程中多问问题，如果孩子不知道某个词的意思，且根本没有机会提问，那么这个活动的教育功能就丧失了。

朗读的拓展

给全班孩子读故事很重要，不过允许孩子拓展该活动也同样重要。你可以在朗读期间停下，把书放在一边，让孩子续写这个故事。这样朗读活动就变成了写作和画画。可以全班共同创作故事的结局，也可以让每个人独立创作。在活动过程中你需要将孩子的语言记录在卡片上。因此小组活动时间更适合安排这个，这样的话你就可以专心致力于几个孩子的想法，还可以为他们飞扬的思绪助一臂之力。当然，孩子们也可以充分发挥他们的想象力，独立续写和作画。

法兰绒板

朗读活动中也可以揉进其他活动，如用法兰绒板讲故事、复述故事以及做手指游戏等。这个年龄段的孩子都非常喜爱在法兰绒板上讲故事，所以在朗读一开始就取出法兰绒板，放置在方便孩子们使用的地方，孩子会一边听故事一边在板上复述，甚至会改变某个细节进而创作出一个完全崭新的故事来。

表演活动

我们还可以改变一下活动形式——在朗读了一个孩子们感兴趣的故事之后，鼓励孩子们将其表演出来——从而将朗读转换成表演。

- 将角色分配给班里的几个孩子。
- 向其他孩子说明有几个孩子必须担任“观众”的角色（给孩子解释“观众”是一出戏的重要组成部分）。
- “观众”要倾听，并适时鼓掌和微笑。
- 同一个故事可以邀请不同的孩子进行多次表演，以确保每一个孩子都有机会参与表演。当然，如果有孩子不愿意参加表演，也不必强求，要尊重他们的感受。

集体朗读活动范例

目标：语言发展、情节预测。

时间：15～20 分钟。

词汇：作者、插图画家。

所需材料：凯文·亨克斯的作品《雏菊》。

过程：

1. 向全班展示该书的封面，让孩子大胆猜测这个故事是关于什么的。

2. 翻到第一页，读出作者和插图画家的名字，并解释他们与这本书的关系——作者是写故事的人，而插图画家是为这个故事作画的人。

3. 然后开始朗读故事，可以随机暂停，询问孩子故事接下来会发生什么。

4. 朗读完毕，回到书的开头，邀请孩子讲述这个故事。

5. 当你翻动书页的时候，问问孩子每一页上发生了什么。

拓展活动：在小组活动时让孩子将以下句子补充完整，"我喜欢我的名字，因为____________________"。然后再为自己画一幅画。在"艺术活动"时间，让孩子将名字写在一张纸上，然后鼓励他们使用各种拼贴画来装饰自己的名字。

《McREL 语言艺术标准 5》：运用阅读过程的通用技巧和策略。技巧：1，2，3，4，5，10，12，13。

《McREL 语言艺术标准 6》：运用阅读技巧和策略去理解和诠释各种文学作品。技巧：1，2，4，5。

《McREL 语言艺术标准 8》：针对不同目的使用听力和会话策略。技巧：7，8，11。

教师指导的小组活动

教师指导的活动是幼儿园课堂里必不可少的组成部分。

- 对于那些即将跨入学校大门的孩子来说，这种类型的活动将帮助他们对"学校"有所了解，同时还能引导他们接触很多新的话题。
- 教师指导下的活动指的是由教师控制进程和内容的活动。
- 这些活动通常有着明确的活动目标、详尽的活动过程和结果。

小组活动

小组活动时间最适宜用来安排这种教师指导下的各种活动，通常人数不要超过 6 人。这些活动包括：

- 科学实验。
- 向孩子提出一些问题，然后顺着一个既定的方向给他们以启发和指导。
- 孩子会遇到困难的某些任务，如辨认字(母)、数数、烹饪、头脑风暴等。

虽然这种类型的活动有助于孩子熟悉即将面临的学校生活，但在幼儿园的课堂上，它们只能占一小部分时间(参看后文“小组活动范例”)。

小窍门

在培养孩子养成轮流发言的习惯时可以采用一些小道具——沙包或毛绒玩具，拿到这些道具的孩子可以发言，其他人则需要倾听。

教师指导的小组活动范例

描述一个苹果

目标：语言发展——使用描述性词语。

时间：20～30分钟。

材料：

- 红苹果、黄苹果、绿苹果。
- 大的纸张(语言记录卡)。
- 彩笔。

词汇：脆、硬、软、苦、酸、甜、面(糊状)。

过程：

1. 手拿一个苹果，让孩子告诉你这是什么。
2. 通过肉眼近距离观察后，让孩子尽可能多地描述这个苹果。
3. 记录下孩子用于描述苹果的语言。
4. 将红苹果切成所需片数，每人一片。要求孩子们必须等到每个小朋友都拿到一片之后才能吃。
5. 然后集体品尝这个苹果。要求孩子在吃苹果时不能说话。
6. 向孩子提出以下问题。他们不必立刻回答，而是要在头脑里思考。
    - 这个苹果是甜的还是酸的？
    - 这个苹果是脆的还是软的？
    - 这个苹果闻起来怎么样？
    - 这个苹果让你想起了什么？
    - 像这样口味的苹果你会用它来做什么？
7. 用同样的步骤重复学习描述黄苹果和绿苹果。

总结：待孩子们吃完三种苹果之后，带领孩子回顾一下他们的经历。在一张纸的上端写上"红苹果"并附上一幅图片，然后在下面写上孩子们描述红苹果的各种词汇(鼓励他们用形容词)。以同样的方法记录下孩子们对其他两种苹果的描述。活动最后你会发现孩子们在品尝、触摸和嗅闻苹果之后对苹果的描述用词较之前丰富很多。

《McREL **语言艺术标准 8**》：依据不同的目的采用相应的听说策略。技巧：1，2，4，7，8，14。

工作时间

工作时间指的是孩子自行决定去哪个区角玩耍或操作的时间。这是一天活动中最重要的时刻，因此我们要重视。孩子在参与积极的、需要动手操作的活动中学习得最快。每天教师都有义务为孩子安排各种活动时间、提供各种活动场所。

- 在游戏过程中，孩子可以尝试用自己的想法，对平日里观察到的社会角色行为加以实践，这有助于孩子认知能力的发展。
- 孩子语言和社交能力的发展取决于游戏中与小伙伴的沟通。沟通越多，语言能力和社交能力就会越强。
- 通过语言、非语言的方式与同伴沟通并解决冲突，能够让孩子有机会了解同伴的感受，并对此作出相应的反应。在解决冲突的过程中，孩子慢慢理解了"冲突" 以及"解决冲突"。父母或教师往往不在"冲突"现场，所以孩子们需要学习如何通过自己的努力解决彼此间的问题。
- 作为教师，你需要做的是为孩子们提供交往以及"解决问题"的情景。这些人际沟通和交往的技能对孩子而言非常重要，并使他们终身获益。
- 情绪表达是情感发展的必经阶段。
- 在一个安全的环境中让孩子感受某种感情，可以丰富他们的生命体验。
- 你会感受到孩子们对生活中令人痛苦的事件所作出的反应，如想起自己宠物的死、害怕黑暗、听到父母吵架、回忆起他们看过的电视。
- 以上这些经历可以在表演区或积木区中表演出来，也可以在艺术区用图画形式再现。要记住：对孩子而言，弄清楚他们置身于什么样的环境里非常重要。这可以通过"角色扮演”来获得。

在全日制的幼儿园活动中，自由活动时间以1小时为宜。在相对较长且不被打断的时间里，孩子们的游戏会更具建设性、更有意义，而且彼此间更加合作。

计划板

计划板（也被称为“选择板”）可以用小钉板、告示牌、泡沫板或其他较为结实的材料来制作，高度以与孩子视线持平为宜。

- 计划板应该为每一个活动区角预留足够的空间，每个活动空间都有固定数量的位置，供选择该区角活动的孩子张贴（放置）名字。
- 计划板可以让教室里可供孩子选择的活动区角一目了然，便于他们作出决定。
- 孩子的“选择”通常发生在圆圈活动和室外活动结束之后或工作时间之前，所以你的日程表中不要忘记“计划”这一环节。
- 在做“选择”时，询问孩子想去哪个活动区角做游戏，想去那里做什么。给他们充足的时间来做决定，并且耐心地听他们讲述。
- 使用“计划板”还可以帮助你统筹安排每一个区角的孩子数量。比如说有7个孩子挤在积木区里面，都想按自己的想法搭积木。但是积木区里只有4个拱形积木，因此如果已有四个孩子在使用拱形积木的话，其他想使用这种积木的孩子就需要等很长时间。而正确使用“计划板”则可以避免这种情况的发生。
- 决定好要去哪个活动区角之后，孩子们将他们的名字贴在相应的区角里（都标有相应的文字和图片）。
- 这一环节要鼓励孩子独立选择，培养他们做选择和决定的能力。
- 当孩子结束了在某个区角的工作之后，他们需要回到计划板跟前，将自己的名字从刚才的区角移到另一个将去的区角。此时，孩子需要观察哪个区角已经满了，哪个区角还有空位，从而再一次培养了他们独立做决定和解决问题的能力。

小窍门

为避免孩子同时蜂拥至计划板前，你可以采用多种有趣的方式来决定前往计划板的顺序，比如比赛转瓶子、投掷沙包、随机从帽子里抽出名字等。

计划板—魔术贴式

材料：

- 告示牌或泡沫板。
- 足够的魔术贴(至少一个孩子一个)。
- 橡胶胶水。
- 告示牌外框。
- 黑色记号笔。
- 各活动区角图片(参见“活动区角标识”，即孩子们在每个区角的活动图片，可手绘，也可实拍)。
- 每个活动中心的标签(可打印，可手写)。
- 孩子的名字卡片(如果名字卡片做的较大，那么计划板也要相应增大)。

制作程序：

1. 将告示牌或泡沫板贴(钉)在墙上，并且接近地面，方便孩子够得着。

2. 用胶水粘贴每一个活动区角的图片，并留下足够的空间用于粘贴魔术贴。

3. 可以选择水平的方式张贴各活动区角图片，这样孩子可将自己的名字贴在相应图片的下方；也可以选择垂直方式张贴活动区角图片，这样孩子可将自己的名字贴在相应图片的右侧。

4. 事先要决定好每个活动区角所能容纳的人数，然后将相应数量魔术贴的粗糙面贴在板上。比方说，假如“艺术区”一次只能容纳 4 人，那么在“艺术区”标识右边(或下面)贴 4 个魔术贴的粗糙面即可。

5. 用黑色记号笔在每个魔术贴的上方或左边标上数字。

6. 用外框将告示牌装裱好。

7. 将魔术贴毛绒面贴在孩子名字卡片的背面。

小窍门

名字卡片上既要张贴孩子的照片，还要写上孩子的名字，这样孩子们将慢慢学会如何读出彼此的名字。

计划板—衣夹式

材料：

- 绘画纸
- 各活动区角图片(参见“活动区角标识图”，即孩子们在每个区角的活动图片，可手绘，可实拍)。
- 黑色记号笔。
- 圆形背胶标签。
- 订书机。
- 橡胶胶水。
- 衣服夹子。
- 告示牌。

制作程序：

1. 将一张绘画纸垂直放在你面前。
2. 将纸离底端 1/3 处向上折起，做成口袋状。
3. 在口袋前部粘贴上活动区角的名称。
4. 在绘画纸上部贴上活动区角的图片。
5. 展开并压平绘画纸。

6. 然后再次折起绘画纸，做成口袋状，用订书机将口袋边沿钉好——每个活动区角都有一个对应的口袋。

7. 事先决定好每个活动区角所能容纳的学生人数，然后将相应数量的背胶标签贴在口袋上部的活动中心名称的上面。

8. 用黑色记号笔在背胶标签上写上数字。

9. 将口袋用订书机钉在告示牌上，高度以孩子能够得着为宜。

10. 在衣服夹子上写上孩子的名字——一个夹子上写一个名字。

11. 孩子们在选择活动区角时只需移动自己名字的衣服夹子即可。

计划板—钉板式

材料：

- 一大块钉板。
- 喷漆。
- 钩子(至少一个孩子一个)。

• 活动区角图片(参见“活动区角标识图”,即孩子们在每个区角的活动图片,可手绘,可实拍)。

• 易拉罐金属盖子(每个孩子一个),在边缘处钻个小洞。

• 每个孩子的照片。

• 双面胶带。

制作程序:

1. 用颜色明亮的喷漆喷涂钉板,隔夜晾干。

2. 用双面胶带将各活动区角图片贴在钉板上。做两排,可竖排也可横排。

3. 事先决定好每个活动区角能容纳的幼儿人数,然后在活动区角图片旁黏贴上相应数量的钩子。

4. 用耐久性记号笔将孩子的名字写在易拉罐金属盖的一面,用双面胶带将孩子的照片粘贴在另一面。这种方法特别适合于那些正在辨认自己姓名的孩子。

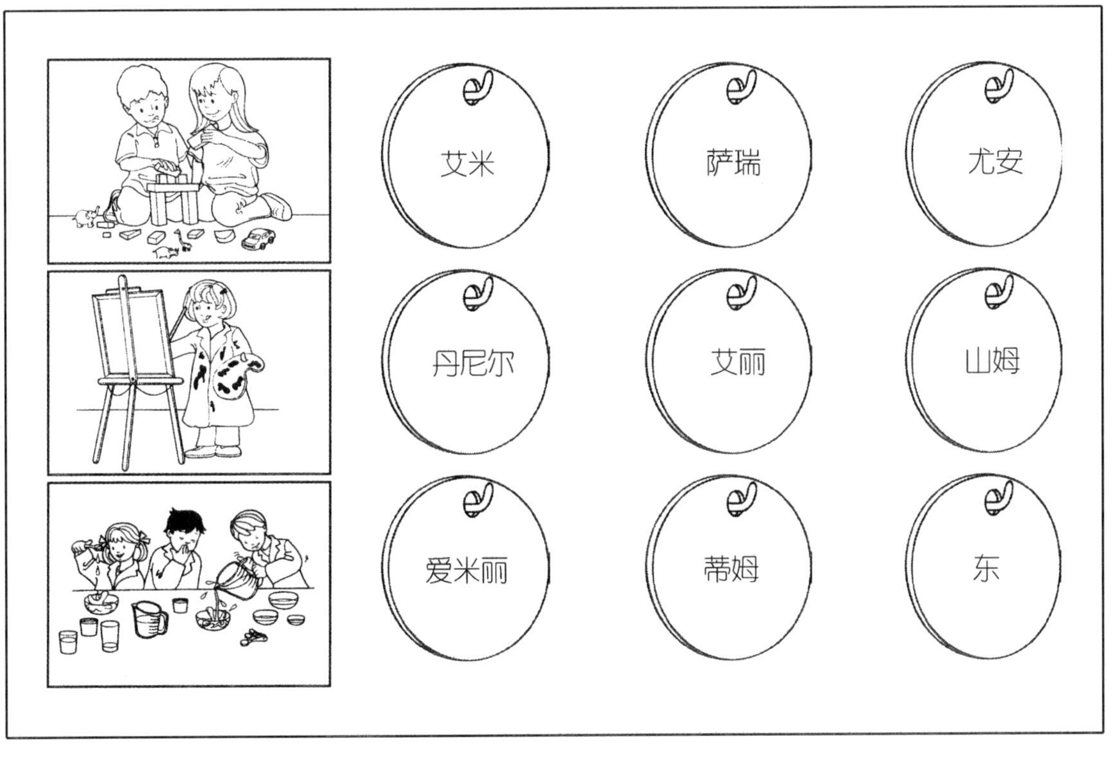

各活动区角标识图

积木区

表演区

任务区

艺术区

科学区

感觉区

音乐和身体活动区

电脑区

绘画/书写区

阅读区

听音区

户外活动时间

户外活动区应该为孩子们提供几个可供大肌肉群运动的活动项目。孩子们亲身参与多种多样的运动将非常有助于发展大肌肉群及其协调性。这一区域多发问题是：孩子们容易感到单调乏味。如果你注意到孩子们在打闹或者四处闲逛，这意味着你需要给该区增加一些新的活动项目了。对于活动时间，如果是全日制的幼儿园，那么活动时间以一日两次，每次1～2小时为宜。现在的孩子花在户外活动的时间越来越少，很多孩子宁愿待在屋里玩电脑游戏或看电视。因此，鼓励他们尽可能多地参加户外运动就是在鼓励一种健康的生活方式。

非竞争性游戏

非竞争性游戏中没有输赢和名次之分，“彩虹伞游戏”就是一个很好的例子。这些游戏的突出特点就是大家一起玩，但不用分出高低。还有一个例子是“音乐椅子”——只是不把椅子拿走，孩子们喜欢一边围着圈跳舞，一边寻找那把空椅子。

沙与水

户外活动场所中少不了沙子和水(偶尔可以放些其他的游戏介质)。在室外安放一个靠近水源的沙盒子或沙区，方便孩子挖掘，抑或是做实验用，这些都非常有助于营造户外活动氛围。

将室内活动带出去

户外环境中也可以进行一些室内的活动。

- 安静区

在地上铺块大床单，上面放些书籍和智力游戏的物品，这样就可以为有此需要的孩子提供一块安静的区域。

- 积木

拿些空心积木到户外，这样孩子们可以有足够大的空间来搭积木。

• 艺术

在户外提供一些美术用品，如记号笔、彩色铅笔、订书机、蜡笔和带子。还有一个将艺术融入室外活动的做法是：提供几张大纸，允许孩子在上面用大件头物品（如鸡毛掸子、笤帚和漆滚筒）作画。

• 音乐

偶尔可在室外播放音乐，并提供一些跳舞所用的物品，如丝巾、彩带。还可以提供一些表演所用的道具，如洋娃娃、帽子、玩具食物、盘子等。

户外活动区材料清单

❑ 自行车
❑ 踏板车
❑ 小手推车
❑ 秋千
❑ 双杠
❑ 可用来攀爬的设施
❑ 各种尺寸的球
❑ 较大的塑料制动物
❑ 较小的塑料制动物
❑ 用于奔跑和做有组织的、非竞争性游戏的空间
❑ 感觉桌①
❑ 沙子
❑ 各种沙地玩具（如小水桶、小铁锹、铲子、漏斗、模具、耙子）
❑ 大型塑料车和自动倾卸车
❑ 儿童用笤帚
❑ 呼啦圈
❑ 篮球筐
❑ 伸缩隧道②
❑ 沙包
❑ 跳绳
❑ 滑梯

① 译者注：感觉桌（sensory table）是一种类似于桌子或浴盆的装置，里面盛放着各种物品，供孩子亲手触摸和探究。该活动对孩子的认知、语言、社交、身体和创造性等各方面的发展均有较大帮助。

② 译者注：伸缩隧道（play tunnel）是一种外形酷似青虫的可伸缩的玩具，用于儿童游戏。

- ❑ 彩虹伞游戏
- ❑ 袋鼠跳游戏
- ❑ 单角球
- ❑ 肥皂泡棒棒
- ❑ 保龄球
- ❑ 彩带
- ❑ 丝巾

课间餐时间

课间餐时间指的是一天中安排孩子们吃零食的时间。孩子们也可以利用这个时间放松一会儿。课间餐时间可以是开放式的，也可以是你每日活动安排的一部分。“开放式课间餐”指的是孩子们在一天当中任何时候感到饿都可以去吃点东西。用于课间餐的区域也应该与其他工作区域没有明显差异。可以在“计划板”上辟出一块空间，允许孩子选择其中的一个区域作为用餐地点。课间餐应该分作两类。一类是由幼儿园提供的。另外，因为家长也会在孩子的生日或某个特殊的节日带来食物，所以可将这些食物分作第二类(在允许家长给幼儿园带食物之前，一定要仔细查看幼儿园在这方面的相关规定)。

开放式课间餐

如果你打算将课间餐活动当作孩子在幼儿园学习和工作的一部分的话，最好从规定他们的食用数量开始。

- 制作 12 cm×10 cm 规格的食物卡片。在卡片的一面贴上食物的图片以及注明凭此卡片可取用的食物数量。
- 比如，如果提供的课间餐是薄脆饼干和干酪，那么在食物卡片的一面贴上薄脆饼干的图片，并注明每个孩子可以取用的数量。在另一张卡片贴上干酪的图片，以及每个孩子可以取用的数量。
- 开放式课间餐可以培养孩子的自理能力以及责任感。

- 每个孩子都得自己取食，用餐完毕还要清理桌面。
- 开头几周你需要对课间餐区域进行监控，否则本来为全班孩子准备的食物，有可能被一两个孩子全部吃光。
- 如果课间餐中有需用勺子取用的食物的话，向孩子演示一下一勺的量具体是多少，例如，一勺葡萄干的量肯定得比一勺小鱼饼的量少。
- 某些食物卡片可以同时制作。如果课间餐时间提供的是蔬菜和调味酱，那么你可以同时制作出芹菜卡和胡萝卜卡。

让孩子为全班小朋友准备课间餐食物会增添他们的成就感，所以，可以在小组活动中安排烹饪或简单的食物准备活动，这样就可以给孩子们提供一个为全班准备食物的机会。烹饪或食物准备应该成为你每周课程安排的一部分，而且烹饪过程要尽可能完整。烹饪过程中蕴含的教育机会不计其数，孩子会从中学会诸如称量、切、剁碎、搅动、掺混、搅拌、遵照食谱等等。这个活动中短缺的某些特殊原材料或烹饪装置，则可以通过每月信函中的“求助”这一栏目，向家长求助。

小窍门

为了便于你在需要时可以迅速找到这些食物卡片，可将卡片压紧，放置在文件盒中，并注明不同的食物分类，如水果、蔬菜、面包、奶制品和其他。

课间餐卡片

水果类

两瓣苹果

半根香蕉

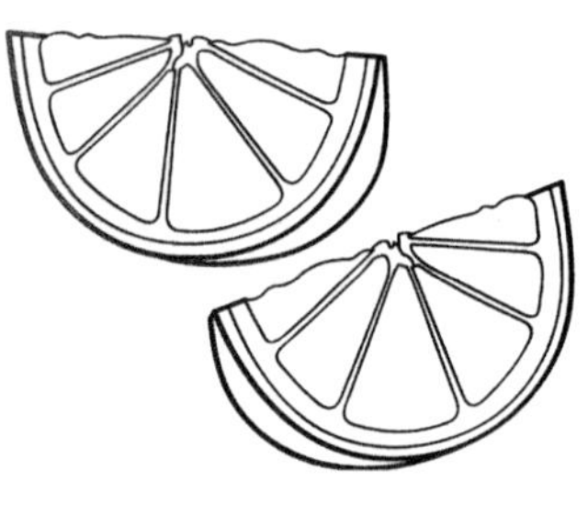

两瓣橘子

一勺葡萄干

蔬菜类

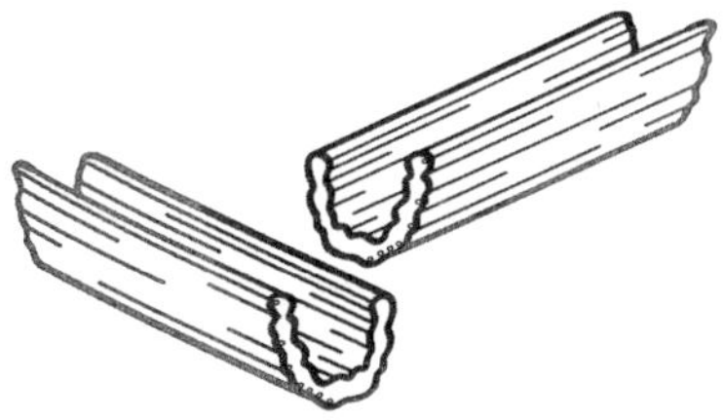

两截芹菜

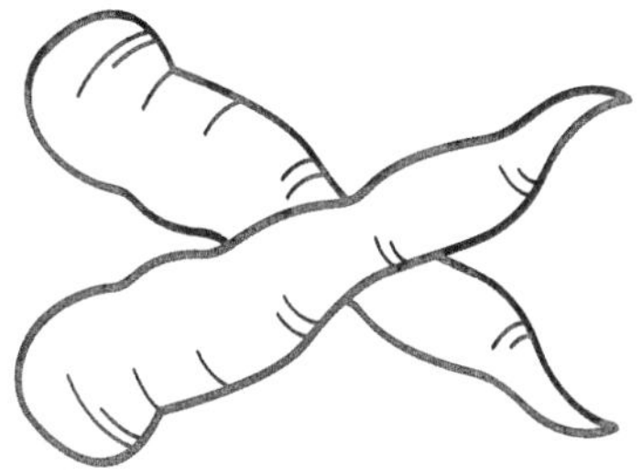

两根胡萝卜

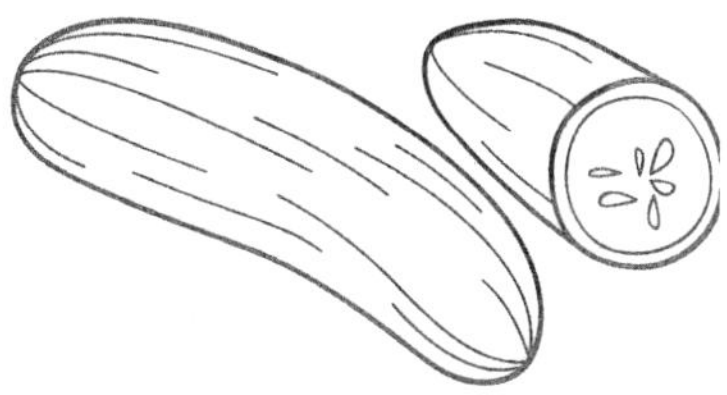

两截黄瓜

两块西兰花

面包类

一个松饼蛋糕

半个面包圈

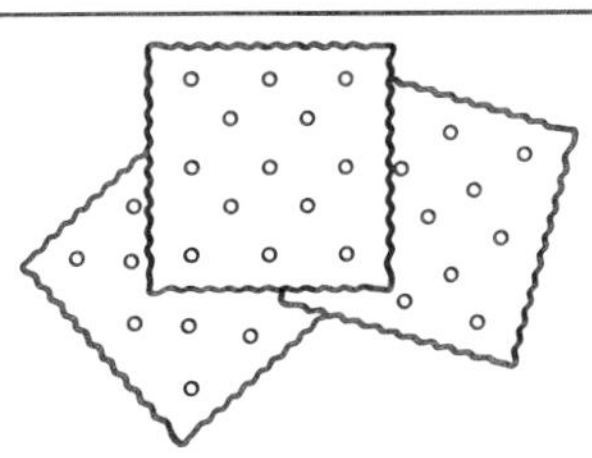

三块苏打饼干

一块薄饼

奶制品类

一杯牛奶

一铲酸奶

两片奶酪

一勺布丁

其他

一勺果冻

一勺干酪

一茶勺糖汁

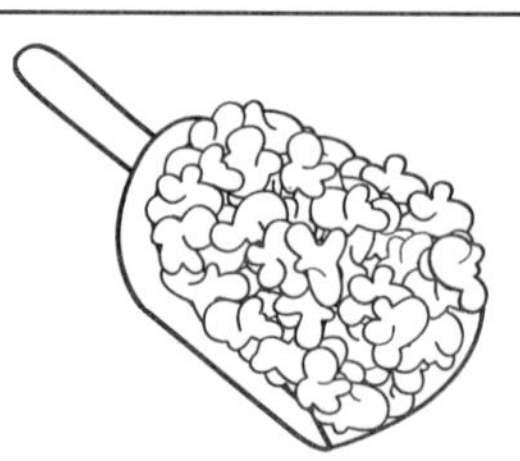

一铲爆米花

烹　饪

伴随今日孩子成长的是快餐和全职工作的父母。孩子看见(或者帮助)父母在厨房里做饭的机会越来越少。对于父母而言,以下两种备餐方式更加简单快捷:开车途经某一快餐店时带些食物回家,或者直接从冰箱里取出冷藏的食物。这就是我们要在教室里安排烹饪活动的原因,因为它对培养孩子的健康饮食习惯是非常必要的。它同时也蕴含着大量育人要素,且有助于培养孩子的社交能力。和年幼的孩子一起做饭,要具备一定的创造性,还要允许孩子亲自动手。多备一些食材,以备不测。比如,如果菜谱上要求准备 2 个鸡蛋,那么最好准备 4 个。掌握打鸡蛋的技巧对孩子而言有些困难,有备用鸡蛋就可以允许孩子们自己动手尝试打鸡蛋,而不必总要等你替他们去做。烹饪要由简及繁,从简单的食谱和技巧开始,慢慢过渡到含有较多原料、操作比较复杂的烹饪过程。

与全班孩子一起烹饪

与全班孩子一起烹饪或准备快餐时,要确保食谱简单易行,只包含少数几种原料,并且操作步骤简单明了。让孩子把所有需要的原材料在面前一字排开,引导他们按照步骤说明进行操作。

蚂蚁上树

给每个孩子:

1 根芹菜

1 根冰棒棍儿

花生酱

5 粒葡萄干

用每个孩子的冰棒棍儿在花生酱里蘸一下,再递给孩子。让孩子在芹菜茎的内侧涂抹上花生酱,然后在上面放上葡萄干。

“蚂蚁上树”非常容易，适合全班孩子一起来做。它只需要少数几个原料和一个道具。孩子们无需等待餐具，也无需等待他人结束才能参与，所以适合全班孩子同时来做。

小窍门

在提供食物前务必查看孩子的个人信息，留意班上是否有孩子食物过敏，这一点很重要。

孩子分组做吃的既有趣又简单。小组指的是最多由 6 个孩子组成的亲密群体。

- 因为每一组都烹制同样的食物，所有小组烹饪也可以为全班制作足够的食物。
- 根据食谱的需要，将任务分配给每个孩子，如称量、添加并搅拌等。
- 将孩子所负责的原料交给他们，再给他们一个小杯子或小碗，用来放置称量好的原料。这样做可以让孩子提前做好准备。
- 给孩子小杯子或小碗放称量好的原料还有两个好处：与其他孩子共用量杯、量勺；便于你检查他们所称量的原料数量是否准确。
- 倘若你让孩子一手捧着一个大碗，里面已经装有其他原料，一手拿着自己的量杯或量勺，他就容易打翻原料，也有可能称错数量，从而破坏整个的烹饪计划。
- 假如食谱要求先将香蕉和液体拌匀，首先，你要让梅甘将香蕉放进碗中，让她将香蕉捣碎并搅动，然后请她将碗递给卡塔丽娜，卡塔丽娜再在碗中加入牛奶，等等。
- 在每个孩子加入了自己所负责的原料之后，允许她搅拌。
- 你需要做的是：读出食谱的操作顺序，并且在需要时为孩子提供帮助。
- 然后再和另一个小组合作，重复该食谱，这样就可以做出供全班享用的食物了。
- 如果接下来的烹饪活动要为今天提供快餐，一定要留出足够的时间用于食物制作和冷却。为了合理安排一天中所需的烹饪时间，也许你还需要对日程安排稍作调整，比如在早晨就做出第一种食物来。

小窍门

孩子能辨认出很多产品包装、名称或标识。充分利用烹饪过程中所需产品的包装，引导孩子观察包装上的各种图案和文字（更多信息，参见本书“语言能力”部分）。

小组烹饪活动范例

火鸡饭:感恩节/火鸡主题

时间:20 分钟。

数量:12 份。

材料:

- 6 杯巧克力米糊。
- 3 汤匙黄油。
- 1 盒(10 盎司)蘑菇。
- 玉米糖——一个孩子一颗。
- 红糖果——一个孩子两颗。
- 咸饼干。
- 蔬菜蘸料(vegetable spray)。
- 花生酱。

制作过程:

1. 用小火化开黄油。
2. 将油锅从火上移开,加入蘑菇,搅拌直至均匀。
3. 加入巧克力米糊,搅拌。
4. 让混合物慢慢冷却。
5. 在孩子们手上喷上蔬菜蘸汁。
6. 给每个孩子一大勺米糊混合物,并将其做成球状。
7. 再给每个孩子:
   - 1 颗玉米糖(用作火鸡的鼻子);
   - 2 颗红糖果(用作火鸡的眼睛);
   - 5 块咸饼干(用作火鸡的羽毛)。
8. 一汤匙花生酱,用作火鸡的腹部(可选择的)。

《McREL 健康标准 6》:理解关于营养和饮食的概念。技能 1。

《McREL 语言艺术标准 8》:使用听力和语言策略达到各种不同的目的。技能 11,13。

《McREL 视觉艺术标准 1》:理解并运用于视觉艺术有关的媒介、技巧和程序。技能 2。

和年幼的孩子一起烹饪，你需要各种器具与装置。

器具	装置
• 量杯(从小到大) • 量勺(从小到大) • 木质的和塑料的勺子 • 土豆捣碎器 • 搅拌器 • 打蛋器 • 刀子(只能在教师严格监管下才能使用)	• 炉子 • 炖锅 • 搅拌器 • 浅口锅 • 加热板 • 吐司机 • 榨汁机 • 手动混合器

以下食物都适合你和孩子们一起去做。随着烹饪经历越来越丰富，你可以增加一些较为复杂的食谱。

早餐	谷类	烧烤类
• 薄饼 • 炒鸡蛋 • 法式吐司 • 土豆烙饼 • 苹果酱 • 可丽饼(法国小食)	• 面包 • 松饼蛋糕 • 圆面包 • 米饭 • 曲奇饼 • 蛋糕 • 英国松饼比萨 • 芝士通心粉	• 烤干酪 • 烤花生酱和果冻 • 油炸玉米粉饼(一种墨西哥食品，以干酪等为馅)
搅拌类 • 各种冰沙 • 麦芽糖 • 花生酱	**其他** • 汤 • 沙拉 • 爆米花 • 芥末蘸蛋 • 柠檬 • 橙汁	

过渡环节

过渡时间指的是孩子结束一个活动而转入下一活动，两者之间的过渡间隙。如果不做精心安排，这种过渡间隙会花去很多无谓的时间。可以通过采用以下方法——计划板、固定的结束乐曲、可预知的日程安排——来避免孩子们询问你下一步该做什么。

有创意的过渡

如果全班孩子都需要在同一时间进入某一活动——比如从圆圈活动转入户外活动——不要仅用一句"开始排队"就结束指令，因为如果是这样的话，所有的孩子都会争先恐后挤向门边，从而造成极大的混乱。你可以采用一些策略，分批次让孩子去排队。

伸腿法	主题法
• 先让所有的孩子伸出一条腿。请他们仔细观察自己所穿的鞋子，再请所有穿便鞋(不系鞋带的)的孩子去门口排好队。然后请鞋上有搭扣的孩子排好队。最后请脚上有鞋带的孩子去门口排好队。	• 在列队前让孩子做些与主题相关的事——说出某个名称，比如一种家畜、一种恐龙、一种水果或蔬菜；也可以说出消防员所使用的某个器具等。
分类法	**点名法**
• 你还可以使用分类法来召集孩子们排队。分类可以包括：男生/女生，长袖/短袖，长发/短发，以及其他你能想出来的分类方法。孩子们对于你会用哪种分类方法总是兴致盎然，也会饶有兴致地猜测下一个该轮到谁去排队。	• 也可以尝试用点名法。提前将孩子的名字分别写在硬纸条上，将其直立放置在存储器里。再从存储器中取出一张纸条，读出上面的孩子的名字，被读名的孩子起身去排队。依照同样的方法，直至全班排队完毕。该方法中孩子的名字是随机被读出的。另外你也可以告知孩子：如果哪个孩子坐姿不正确的话，那么他/她的名字还将回到存储器中去。

小窍门

要确保孩子对于活动间过渡的次数心中有数，同时又要保证过渡有一定的创意。记住：有些孩子不喜爱突如其来的变化，所以在过渡之前你最好能给一些提示。

清 场

一项活动结束之后，紧接下来的便是清场。在这段时间里孩子们必须将其使用过的物品收拾好并放回原处。无论是对于孩子，还是对教师而言，处理不得当的话，清场都是件令人头疼的事情。首先，制定一个常规程序。选择播放一首孩子们都很熟悉的歌曲，这样你就可以避免重复地对他们说"该清场了"。《米老鼠进行曲》就是个不错的选择。像这样的歌曲都非常欢快，时间长度也适合于清场，且孩子们都知道歌词。

五分钟警示

在向全班孩子作出口头警示——"还有 5 分钟"、"还有 3 分钟"、"还有 1 分钟"——的同时，用手指比划所剩的分钟数。这样可以确保不论是听觉学习者[①]，还是视觉学习者[②]都很清楚"现在是清场的时间了"，同时也可以避免某个孩子因为疏忽而未能及时清场，从而导致心情沮丧。再有，这样的警示还可以提醒全体孩子：该结束手头的活动了。

当歌声响起时

- 只要歌声一响起，孩子们就会知道应该结束手头的活动，开始清场了。
- 新学年伊始，就在全班建立一套与清场相关的规章制度。告诉全班孩子："我不会跟在

---

① 译者注：听觉学习者(auditory learner)，一种学习风格。学习者主要依靠听与说的方式来进行学习。

② 译者注：视觉学习者(visual learner)，一种学习风格。学习的概念、数据和其他信息都与视觉形象和技巧相联系。

你们身后，帮你们收拾。你们要负责将自己使用过的物品收拾摆放好。所有物品都有各自摆放的地方，都已一一为你们标注好。在你自己清理完毕之后，帮助那些需要你帮助的小朋友。”

奖励表现优异者

如果全班孩子表现优异，那么下一步便是对他们予以奖励，这样做可以加强他们的集体荣誉感。具体奖励方式，参看前文。

小窍门

清场依赖于大家的努力，所以要么每个人都得到奖励，要么没有人得奖。记住：奖励要公平，还要培养孩子们的集体意识。

标签法/印章法

- 如果在歌曲结束前，整个教室都已经收拾妥当，那么给每个孩子一样特别的东西，如有香味的背胶标签或印章。
- 在一学期的前几周，每次孩子们提前（在歌曲结束前）完成清场工作，都给孩子们一些东西作为奖励。
- 接下来的几周里，逐渐用精神奖励（如竖大拇指，或让孩子在自己后背上拍一下，以表扬自己出色的工作）代替物质奖励。
- 几个月后，孩子们已经不需要外在奖励了。他们只会为能提前完成清场工作而开心不已。
- 偶尔，当孩子们为清场付出极大努力时，给他们一些物质奖励。
- 如果在规定时间内未能将每件物品归置好，那么整个班级都不能得到奖励。不要拎出一两个孩子，不给他们奖励，这样会伤害他们的自尊心。只需提醒全班：在收拾妥当自己的物品后，要帮助那些需要帮助的朋友；如果看见有人袖手旁观，教师要提醒他们：现在是清场的时间。

弹子罐法

另一个可用于奖励清场的方法是“弹子罐法”。

- 在学年刚开始时，带一个空的塑料罐子来，罐体中间有条线。罐子的大小有点要求，不能太小，需花些时间才能将罐子装满。大的花生酱罐子比较符合这个要求。

- 每次孩子提前（在歌曲结束前）完成清场工作，都可以向罐子里放置一定数量的弹子。
- 目标是“直到用弹子将罐子装满”。
- 当罐内的弹子已到达中线时，让全班表决目标实现后的庆祝方式（是冰激凌派对还是吃爆米花看电影）。
- 当全班实现目标后，邀请家长和孩子一起参加一个大型聚会，如比萨聚会。放手让孩子们制作请柬、准备比萨以及计划整个活动。
- 这个“弹子罐”还可以用作别的奖励。如果你看见孩子有善良的行为，或者出色的团队协作能力，往罐子里加一个弹子。
- 你对孩子正面行为的每一次强化，都会对他/她产生长远的影响。放进罐子里的弹子，不要取出，因为每一枚都是全班孩子辛苦努力的见证。

午餐时间

在全日制的幼儿园中，午餐通常安排在中午时分，此时所有的孩子一起围坐在餐桌旁用午餐。根据幼儿园的规定，孩子可以享用幼儿园大厨烹制的食物，也可以吃家里带来的食物。为这个环节制订一套常规，可以有效保证它的有序性，而且孩子们也能知道他们该怎么做。

午餐前，必须洗手。为避免有多个孩子同时抢用洗手池，可以制订规则，以确保洗手活动的有序进行。在孩子们依次洗手准备进餐时，不妨播放音乐或和孩子们做个手指游戏。

午餐进行时

- 为确定每个孩子用餐时的座位，不妨使用名片法。将索引卡片对折，把孩子的名字写在卡片上，一张卡片写一个名字。用不干胶标签装饰一下，如果想长期使用，还可以压塑。每天中午用餐前，孩子们都要找到自己名片所在的位置才能落座。每天的午餐座位可以有变化，这样可以方便你在需要时安排某些孩子分开就座。

- 如果幼儿园提供午餐，共享式家庭用餐方式可以增加彼此言语交流的机会。共享式家庭用餐需要孩子传递公用餐碟，还要自助取食。另外，餐前摆放餐具也是交由小助手完成的。

• 用餐期间孩子们会自然而然地交谈；不过，为防止谈话突然中止或话题不合适，有必要事先准备几个话题，如“你出门喜欢坐火车还是乘飞机？为什么”。

午餐之后

午餐之后的常规活动安排因幼儿园而异。有些幼儿园在午餐后安排户外活动，也有幼儿园安排午睡。不管是哪种安排，孩子都需要了解接下来该做什么。不管是哪种安排，孩子们都要负责将他自己的用餐区域清理干净，然后洗手洗脸。

小窍门

利用和孩子共进午餐的机会，教给他们餐桌礼仪的知识。

午睡时间

所有孩子都将在午睡时间得到安静的休息。年幼的孩子需要很多休息，因为疲倦会降低他们的表现水平。和其他日常活动一样，午睡也需要一套常规程序。

设立一个午休场所

- 首先确立一个午休场所，并保证有足够的空间放置孩子们的睡垫。
- 这是个固定的、用于午休的场所。你可以绘制一张全班的睡垫放置图，这样的话，即使有不熟悉情况的代课教师来，也不会搞错。
- 对于那些不想睡觉或入睡困难的孩子，应该由教师特别指定其位置，彼此要隔开，以免他们交谈或玩耍。

保证足够的个人空间、培养生活自理能力

- 尽量保证睡垫之间有足够的空隙。
- 通过以下安排培养孩子们的生活自理能力：让孩子取出自己的午睡用品（如枕头、毯子），并且做好午睡前的准备。
- 负责摆放睡垫的小助手，需要在午餐前帮助你将所有睡垫铺好，只有这样，才能保证他们午餐完毕后可以直接午睡。

睡前情绪培养

- 关上门窗，关闭百叶窗，提醒孩子放松身体。
- 轻轻地在教室里走一圈，为那些需要帮助的孩子盖好毯子。
- 表扬那些已经准备入睡的孩子。

奖励首批入睡者

你可以对首批入睡者给予奖励。

- 根据午睡孩子的人数，准备 5～10 个小的毛绒玩具（如小动物），将其放在固定的容器里。
- 大约 30 分钟之后，轻轻在教室里走一圈，将毛绒玩具放在已经入睡的孩子的脚边。
- 记下首批入睡者的名字。
- 孩子醒来之后，会查看自己的睡垫，用以判断自己是否是首批入睡者。然后让获得奖励的孩子将毛绒玩具放回容器里，以便明日再用。

读长篇故事

午睡开始后，你可以在起初的 20～30 分钟里为孩子们读一段长篇故事。

- 选一本经典的儿童读物，可与活动主题相关，且适合这个年龄段的孩子。
- 一旦每个孩子都已各就各位，做好了睡觉的准备，不妨问他们几个问题，如故事是关于什么的，主人公是谁，昨天故事讲到什么地方，等等。然后开始朗读。
- 给孩子们读故事，要求他们必须能记住故事情节、冲突以及故事里的人物。
- 在你读故事的过程中，始终要求孩子将头放在睡垫上，安静地躺着。如果孩子遇到不懂的词，允许他们举手提问。
- 读完故事后，播放一些柔和的音乐，这样可以排除室外的干扰。此时，你会发现绝大多数孩子都已安静地躺着，有些已经安然入睡。你可能需要轻拍某些孩子的后背，帮他们进入梦乡。

无法入睡的孩子

总有一两个孩子无论怎么努力也睡不着。

- 为无法入睡的孩子准备一个“睡眠桶”。
- 不要立即将“睡眠桶”递给难以入睡的孩子，每个孩子都必须静静休息至少30分钟。
- “睡眠桶”里放置了各种各样可供进行安静活动的物品，如白纸、蜡笔、笔、书籍、智力游戏、扑克等。
- 将“睡眠桶”递给孩子，要求他们只能在睡垫上玩耍，这样可以避免将已经入睡的孩子吵醒。

结束午睡

将孩子从睡眠状态唤醒并让其起床是要费些时间的。

- 整个过程可以这样开始——让已经醒来的孩子起来收拾他们的午睡用品，并归置好。
- 让这些孩子来到桌边，在那里你已事先为他们准备好了各种进行安静活动的物品。
- 教室里的各种声响会自然而然地唤醒其他孩子，这时，让他们尽快收拾并归置好自己的午睡用品，然后加入其他孩子的活动中。
- 最后，打开灯。
- 你会发现仍然有些孩子，会在班级活动过程中睡着。如果是这样，那就让他们睡，也许他们确实需要一些睡眠。
- 要是某一个孩子总是睡眠时间比其他孩子长，那就把他的睡垫单独放置在一个不碍事的地方，这样可省去你将其挪来挪去的麻烦。再有，询问孩子的父母，看他们是否同意让你过一段时间将孩子叫醒。因为有些父母担心，白天孩子睡眠多了，会影响晚上按时入睡；也有些父母愿意让孩子想睡多久就睡多久。

储存午睡用品

出于卫生考虑，很多州的健康部门都要求将孩子的午睡用品分开存放。

- 如果每个孩子都有自己的储物柜，将其显示给家长看，并向他们解释：孩子可以带他们想带的午睡用品来幼儿园，只要储物柜能放得下。事先告知，可以防止孩子从家里带来大枕头或大毯子。
- 如果没有储物柜，用大的、可悬挂的拉绳袋也可以达到预期目的。提醒父母：给孩子所有的午睡用品做个标记，并且每周末带回家清洗。

- 可三对折的睡垫比较容易堆放和储存。记得用胶带将孩子的名字粘贴在睡垫的末端，这样可以保证同一个孩子每天用的是同一块睡垫。
- 每周五，须用消毒剂对所有的睡垫进行喷洒并擦拭。

小窍门

为了保证在折叠睡垫时床单依旧保持平整，可在被折叠的睡垫间垫块硬纸板。

为孩子张贴日程表

你可以通过向孩子们展示一幅“今天是什么样的”视觉效果图来告诉他们有关“时间”和“日程表”的概念。

- 在门上（或墙上）挂一张日程表。日程表可用照片制作。照片的主角是每天正在从事各种活动的孩子们。将照片按时间顺序摆放。
- 对于正在进行的活动，用衣夹夹在相应的位置上来显示。
- 随着活动项目的转换，随时变动衣夹的位置。你会发现孩子们已经开始参照日程表了——他们开始习惯在活动开始前、结束后查看一下日程表，以清楚今日的安排。这也方便你临时对活动作出调整，如遮住某个原先的活动安排或更换一个活动项目。
- 比如，因为天气的原因，需要取消户外活动。那么你只需用一块黑布遮住原先的“户外活动”即可，孩子们便不会再到室外去了。再比如，假设今天的小组活动被取消了，取而代之的是烹饪活动，那么你只需用烹饪的图片（或卡片）遮住原先的小组活动卡片即可。
- 此外，对于那些不爱变换活动项目的孩子而言，日程表也是个很好的视觉提醒，是你言语提醒的补充。

半日制幼儿园

半日制幼儿园提供非常固定的活动项目。选择这类幼儿园的小朋友,需要在固定的时间来到幼儿园,在固定的时间被家长接走。通常为方便全职工作的家长,半日制幼儿园也会提供延长服务或日托服务。除非报名参加延长或日托服务,否则这里不提供午餐,也不安排午睡。

半日制幼儿园日程表(范例)

8:30—8:40	孩子到来,每日健康检查,孩子看书
8:40—8:50	圆圈活动,日历游戏,通知,今日计划
8:50—9:45	开放区角活动,绘画活动
9:45—9:50	清场时间
9:50—10:00	第二次圆圈活动
10:00—10:20	洗手、课间餐时间
10:20—11:00	户外活动
11:00—11:15	小组活动
11:15—11:30	第三次圆圈活动,今日回顾,结束曲

全日制幼儿园

全日制幼儿园指那些全天提供儿童照看与教育服务——从早晨到晚上——的幼儿园。到这里来的孩子都有着全职工作的父母,父母需要全天托管孩子的幼儿园。这样的幼儿园允许家长在任何时间接送孩子。

全日制幼儿园日程表(范例)

7:00—8:30	孩子签到,每日健康检查,在已开放的区角进行活动
8:30—8:40	清场
8:40—8:50	圆圈活动,日历游戏,通知
8:50—9:50	户外活动
9:50—10:00	圆圈活动/今日活动选择
10:00—11:00	开放区角活动/绘画/自助式课间餐
11:00—11:15	小组活动
11:15—11:45	户外活动
11:45—12:30	洗手、午餐

12:30—1:00	午睡前读故事
1:00—2:30	孩子午睡,教师为下午活动做好准备
2:30—3:00	唤醒孩子,收拾午睡用品
3:00—3:15	圆圈活动
3:15—3:30	小组活动
3:30—3:40	点心
3:40—4:40	户外活动
4:40—5:20	活动选择、在开放的区角进行活动
5:20—5:30	清场
5:30—5:40	圆圈活动、今日回顾、结束曲
5:40—6:00	孩子一边阅读或玩智力玩具,一边等待家长来接

如何制作日程表

材料:

- 一块硬纸板。
- 绳子和木头榫头(用于顶端)。
- 孩子们从事各种活动时的照片。
- 各种活动的文字描述(签到、清场、圆圈活动、工作时间、小组活动、户外活动、餐点时间、午餐、午睡)。
- 橡胶胶水。
- 衣夹。

制作方法:

1. 按照垂直方向摆放好所有的图片,因为这种摆放方式比较适合孩子们遵照执行(参见下图)。
2. 用胶水将照片粘贴在硬纸板上,照片下方是相应的文字说明。
3. 将硬纸板连同照片一起压塑。
4. 将日程表挂在门边或是醒目的地方。随着活动的开展,一定要变化衣夹的位置。
5. 如果从事的是全日制的幼儿园服务,那么硬纸板一面的最后一个项目应该是“午睡”。
6. 将硬纸板翻转过来,下午的活动项目放置在另一面。这样做可以帮助孩子区分上午和下午的概念。当然,你需要记住的是:在孩子午睡醒来之前,将硬纸板翻转过来。

我们的日程安排

签到

⇒

圆圈活动

⇒

工作时间

⇒

课间餐时间

⇒

户外活动

日程表图片示例

签到

圆圈活动

清场

户外活动

工作时间

课间餐时间

小组活动

午餐时间

午睡时间

洗漱时间

烹饪时间

音乐时间

 讲故事	 离园

一天的结束

终场圆圈活动

每日的终场圆圈活动可以让你和孩子对今日活动做个回顾。

- 可用击鼓传花的方式来进行。选择一个沙包或与主题相关的物件，当鼓声停止时，请手持沙包的孩子介绍他今天所参与的活动。或者请他回答几个问题，诸如“你今天参加了什么样的室内活动”或者“你今天参加了什么样的户外活动”。
- 帮助孩子回顾一天所参加的活动，可以有助于提高孩子记忆力。而且，当父母问起孩子“你今天在学校做什么了”时，孩子不至于没有反应，也不至于说“什么也没做”或者“不记得了”。
- 终场圆圈活动的最后一个环节是唱歌。我们要让孩子在歌声和微笑中结束一天的幼儿园生活。

终场圆圈活动结束之后

通常幼儿园会给家长一小段时间，方便他们接回自己的孩子。所以，终场圆圈活动之后，为孩子准备一些可做的事情(比如玩智力游戏或是看书等)，这样他们可以一边做，一边等待父母来接。再挑选一两个既简单又便于清理的游戏，这样，一旦父母来了，可以稍坐片刻或和孩子一起玩一会儿，然后孩子能很快结束并收拾整理好。这样安排的另一个好处是：如果需要的话，你可以利用这段时间和父母聊一聊。

在孩子离开前，和孩子道别，并提醒他们查看信箱，看是否有需要带回家的通知。这样的安排，同样也可以让家长获悉某些重要信息。

告知家长今日的活动安排

与家长的有效沟通非常有助于建立良好的家园关系。在教室门外或在家长签字的地方，放置一块"家长板"牌子。在幼儿园一日活动结束时，在牌子上张贴一则短小的告示，告诉家长们在今天的教育环节中开展了什么活动。它可以是关于小组活动或圆圈活动的有趣内容。比如："今天我们对露营所需物品进行了大讨论，并列出了一个清单。然后将这些物品进行了分类：冷却器、行李箱、烹饪箱，还有其他。"这种告知家长每日活动安排的做法，为家长和孩子在回家的路上进行交流提供了话题。

小窍门

如果你不认识的人前来接孩子，需要向学校再三核查，以弄清此人是否可以将孩子带离学校。在孩子开始他/她的幼儿园生活之前，父母有义务向学校提供相关情况汇报。

计　划

Planning

长期计划

年度计划

为孩子一年的幼儿园生活做计划并不困难。孩子在有意义的亲身经历中学习最快，所以社区的各种活动或聚会都该有孩子的身影。对于孩子而言，在十一月谈论春天是没有任何意义的，他们不会产生相应的联想。所以，可以通过在日历上注明那个月里社区开展的各种活动，来让孩子形成春天的概念。刚开始做年度计划时，需要花些时间、做些研究，但之后，你就可以将那个月的计划作为模板，然后只要改变一下日期即可。

节日

做计划可以从节日以及某个有特别主题的月份开始。比如，十月份有“防火周”。那么就从这里开始，为你的教学安排做计划。记住这里的“节日”应该包括各种文化里的节日，比如犹太新年、犹太赎罪日、犹太点灯节、(伊斯兰)斋月、中国春节、黑人历史月(纪念美国黑人历史)、逾越节(耶稣葬礼日)、复活节、圣诞节、(非裔美国人)宽扎节、(墨西哥)五月节等。

相互关联的主题

将有关联的主题活动比邻安排，可以使过渡极为自然。园艺是个非常好的将孩子引向户外，并在自然界中接触各种东西的活动。如果还有一个主题是“昆虫学习”，那么不妨将这两个话题比邻安排，以避免话题的突然改变可能给儿童带来的不适感。

为主题收集材料

如果你给幼儿园所在地的商店写信，说明你的班级需要哪些材料，以及你们将如何使用这些材料，他们会捐赠一些。当然，捐赠的花和植物还需要你多费心，但是无论是孩子还是父母都会从中受益。

小窍门

如果有家长提出参与你们的课堂活动，一定要欢迎。借此机会向他/她展示教室里与他/她的文化有关的图片、服装、烹饪的食物。另外，这也是用具体实例和亲身经历教育孩子们（多元文化）的最好时机。

社区大事

任何一个社区每个月都会有特殊的事情发生。密切关注周围的一切，找寻机会给孩子们引荐这些活动。位于加州的圣地亚哥地区在三月份的社区活动与位于科罗拉多州丹佛地区的有很大差异，所以要留意班里孩子的兴趣和需要。再从当地报纸或社区分发的家庭杂志里找寻各种活动。有些出版物有现成的“社区活动日历表”，如四月十号“植树节”。先对内布拉斯加州和植树节做番研究。让孩子们画几幅有关“树”的作品，再让孩子给当地店家或政府官员写封信，询问是否允许他们在那个特殊的日子（或那一周）种棵树。

其他特别日子

进入你日程表的特殊日子还应该包括：每个季节的前几日、米老鼠的生日、苏斯博士生日、查普曼[①]生日、世界诗歌日[②]、地球日[③]等等。

逐月计划

在做月计划时，一定要将孩子的经历和情感考虑进去。你的年计划应该有一定的弹性——没有什么是一成不变的。比如根据计划，你打算在五月的第一周介绍“家畜”，而一个孩子在那周带来了蝌蚪，这时你就需要调整你的课程安排。因为孩子们会一直盯着蝌蚪看，还会思考、谈论有关蝌蚪和青蛙的话题，所以你不妨将蝌蚪纳入到你的课程计划中来。如果不这样做，你便丧失了一次极佳的教育时机。如果你所在的幼儿园提供全年教育，那么夏日的主题都应该是户外的。给孩子们安排一些实地考察的体验游活动可将孩子们带入社区，尽享夏日乐趣。事实上，你的年计划可以很大程度上帮助你对各种活动作出取舍。后文为一年中各个月的计划安排

---

① 译者注：查普曼(Johnny Appleseed，1774. 9. 26—1845. 3. 18)，原名 John Chapman。他曾将苹果树引入俄亥俄、印第安纳、伊利诺伊各州。

② 译者注：世界诗歌日(World Poetry Day)，每年 3 月 21 日，由联合国教科文组织在 1999 年发起。

③ 译者注：地球日(Earth Day)，每年 4 月 22 日，旨在提高人们对地球资源和环境的保护意识。

提供了建议。

> **小窍门**
>
> 在你的计划表中(每月一张)写下所有孩子的生日。

月计划

以下话题较为适合安排在相应的月份。

九月

认识自己——我是个能干的孩子

- 让孩子们谈论他们最熟悉的事物——他们自己。从这个活动中,教师可以了解很多有关这个孩子以及他/她的家庭信息。通过鼓励孩子谈话、绘画或是分享他们所擅长的事情,我们可以培养孩子积极的自我认知。

十月

秋天、防火、万圣节和安全、爆米花周

- 防火是个非常重要的话题,十月可以从这个话题开始。邀请几个消防员作为客座发言人,对孩子们讲讲防火与安全,让他们练习“站住、卧倒、滚动前行”等自救方式。
- 在新学年里,十月是第一个有节日的月份——万圣节。记住:有些宗教里不庆祝万圣节,所以作为教师的你务必体贴你的孩子。

十一月

美国土著人、我要感谢什么、礼仪、读书周

十一月是引入多种文化经历的极佳时期，鼓励孩子对以下问题做出思考，即“我需要对哪些人或事表示感谢”。同时，这也是个学习和练习餐桌礼仪的好机会。

- 你可以借此机会，邀请班里所有孩子的家长，安排一次有他们参与的活动——聚餐（Potluck，即各家带一道菜的聚餐方式）。

十二月

冬季、世界各地的节日

- 对孩子们而言，十二月充满了各种跨文化经历、美妙的音乐，以及新颖的艺术感受。
- 有很多方法可以让孩子们感受这个“给予的季节”，其中之一是举办一个“旧书派对”。选定某个日子，在这一天让每个孩子带一本经过精心包裹的旧书作为礼物，再让孩子们在书堆里取出任意一本书（但不能拿自己带来的那本），然后一起打开。
- 和孩子们一起烹饪也是十二月必须要做的事，因为这个季节有太多来自世界各地的菜肴适合孩子烹饪。

一月

新年、生活在雪里的动物、冬眠的动物、马丁·路德·金日

- 在一月的课程里糅进雪地动物和需要冬眠的动物，这是个非常好的向孩子介绍地理和动物栖息知识的机会。
- 通过以下方式庆祝马丁·路德·金日——讨论“善待彼此是多么重要”。引导孩子们讨论：彼此的相似之处、彼此的差异之处，这是一个用来庆祝“人类”的节日。

二月

土拨鼠日①、情人节、总统日、情感

- 因为情人节的关系，二月最适宜和孩子们一起讨论“情感”的话题。
- 这个月的课程中，也可以安排介绍某些社区服务人员的活动，如邮递员。

---

① 译者注：土拨鼠日（Groundhog Day），美国和加拿大节日（2 月 2 日）。在这一天，如果天气晴好，土拨鼠则能看见自己的影子，这预示着离冬天结束还有较长时间，于是他们会立即钻进洞里；如果天气阴沉，土拨鼠则无法看见自己的影子，这预示着冬天即将结束。

三月

苏斯博士的生日、家畜、动物园里的动物、圣帕特里克节

- 苏斯博士的生日在三月的第一周。孩子们特别喜爱他书中的韵律和节奏，所以在这个时段非常适合讨论“作家”的话题。
- 借讨论春季家畜之际，允许孩子们带些小动物来到幼儿园（如小鸭子、小鸡、小兔子甚至小羊羔），或者安排一次农场一日游，让孩子们亲眼见识一下各种各样的小家畜。

四月

春季、园艺、愚人节、复活节

- 每年的三、四月是种植花草的最佳时节（根据你所在的区域而定）。选择好你想种植的植物种子，仔细研读包装上的种植时间说明。这个活动需要提前计划。

五月

昆虫、母亲节

- 种植完花草再讨论昆虫，这是个很自然的过渡。孩子需要亲自照看自己的成果，直至秋天。此外，让孩子走出教室，在大自然里寻找各种昆虫。

小窍门

在你的每月计划表上注明孩子们的生日。

六月

交通方式、父亲节

- 有多种多样的交通方式，其中一些并未出现在你所生活的城市里。对于那些孩子们不太熟悉的交通方式（如地铁、轮船、火车等），你也应该提及。

七月

夏季、美国独立日、海洋动物

- 七月最适宜孩子去体验夏季。给孩子们设计一些需要使用“红色、白色和蓝色”的活动，

同时强调"美国"这个概念。通常情况下,孩子们都非常喜爱这样的活动安排。此外,孩子们也能够更加理解这个时间段里,在社区的所见所闻。

八月

露营、为上新学校或结识新教师做好准备

- 在八月最适合向孩子们介绍"露营"和"放假"的概念。
- 这个月是你和全班孩子在一起的最后时光。正规的学前教育转眼即到。为帮助孩子从幼儿园平稳过渡到学前班,此时,为他们的下一次"冒险"做好心理准备是至关重要的。帮助他们克服心理的恐惧感,并解答其内心的各种疑问。你也可以联系当地学前班的一位教师,请他(她)来给孩子们讲讲他们将面临什么。

贯穿全年教学安排的其他话题有:

- 颜色
- 数字
- 童谣
- 天气
- 泡泡
- 恐龙
- 青蛙
- 身体部位
- 营养
- 社区服务人员

月计划表(范例)

月份	主题
九月	• 认识我自己 • 我是个能干的孩子
十月	• 秋季 • 防火 • 万圣节 • 安全 • 全国爆米花周
十一月	• 美国土著人 • 需要感谢的人和事 • 礼仪 • 读书周

续表

月　份	主　题
十二月	• 冬季 • 世界各地的节日
一月	• 新年 • 雪地动物、需要冬眠的动物 • 马丁·路德·金日
二月	• 土拨鼠日 • 情人节 • 总统日 • 情感
三月	• 家畜 • 动物园里的动物 • 圣帕特里克节
四月	• 春季 • 园艺 • 愚人节
五月	• 昆虫 • 母亲节
六月	• 交通方式 • 父亲节
七月	• 夏季 • 美国独立日 • 海洋动物
八月	• 露营 • 为上新学校和结识新教师做好准备

短期计划

周计划

在做周计划(或者日计划)时,需要考虑很多因素。诸多的考虑会令你感到茫然,甚至困惑,比如每日大声朗读、按照前学前教育标准安排各种活动、围绕某一主题设计课程、保持幼儿园生活的趣味性等。可以尝试先将"月"分解成"周"。

- 根据已经制订好的"月计划",考虑如何将其分解到四周当中。
- 然后决定每一周的"核心"内容。
- 在制订第一周计划时,将所需要的与此核心话题相关的所有物品、书籍、已有课程计划等列成清单。
- 然后写下与本周话题有关的所有活动安排(音乐、语言、艺术、数学等)。很多课本里都有现成的主意和课程设置。在选择用于朗读的书籍或文学作品时,不妨去当地的图书馆里浏览一圈。
- 在制订教学计划时,还需要考虑孩子的各项水平,这样制订出来的活动安排才能更适宜他们。
- 将孩子的现有水平按项目分门别类,如艺术、经济、健康、历史、语言艺术、生活技能、与他人共事、数学以及体育。

一旦确定好每周的主题,填写"周计划草案"。

- 周计划从大声朗读开始。
- 围绕书里的内容设置活动,这样有助于建立每日活动的延续性。

四月计划范例——我们的花园

第一周：对花园做整体布局。我们打算种什么？种在哪里？需要对种植区域做哪些准备？
第二周：开始种植植物并管理我们的花园。
第三周：测量已种植植物的高度，继续管理花园。
第四周：讨论可以用花园里生长的植物做些什么；继续测量植物的高度。

小窍门

许多图书馆不仅有大量书籍可供选用，还会有与你的主题相关的"道具盒"①。

周计划范例
周计划草案：第一周

主题：我们的花园

大声朗读的书籍：

1.《花园周围》，作者：欧姆里· 格莱斯(Omri Glasir)。
2.《我们的傻花园》，作者：克伦· 伯曼· 内格尔(Karen Berman Nagel)。
3.《令人惊奇的花园》，作者：佐伊·霍尔(Zoe Hall)。
4.《花园的上空》，作者：詹妮弗·沃德(Jennifer Ward)。
5.《生长的颜色》，作者：布鲁斯·麦克米伦(Bruce McMillan)。

---

① 译者注：道具盒(Prop boxes)可以用来存放角色扮演中所需的各种道具物品。每一个道具盒中所装物品可以用于某一个固定主题的角色表演。

艺术活动：

1. 在窗户玻璃上绘制一幅花园的图形。
2. 用花卉作画。
3. 用种子拼贴图形。
4. 绘制一幅“我们的花园”。
5. 雕刻土豆并用来作画。

数学活动：

1. 将水果、蔬菜或花卉按照生长方式进行分类：长在空中、长在地表之上、长在地表之下。
2. 数各种各样的种子；按照大、中、小将其进行分类。

语言活动：

1. 记录孩子在画“园艺日志”过程中的言语表达。
2. 用草莓篮子做方位活动。（学习物体之间的方位关系）

科学活动：

1. 剪掉康乃馨的枝干，放在两杯装有不同颜色的水中。
2. 尝试种植山芋或鳄梨。

烹饪活动：

制作鳄梨酱和玉米脆饼。

音乐活动：

“我们都是花朵”（Each of Us Is a Flower），作者：夏洛特·黛梦德（Charlotte Diamond）。

经济学或社会意识活动：

农产品参观体验游。

其他：

客座发言者：邀请一位植物学家。

周计划草案：第______周

主题：我们的花园

大声朗读的书籍：

1. ______
2. ______
3. ______
4. ______
5. ______

艺术活动：

1. ______
2. ______
3. ______
4. ______
5. ______

数学活动：

1. ______
2. ______

语言活动：

1. ______
2. ______

科学活动：

1. ______
2. ______

烹饪活动：

1. ______
2. ______

音乐活动：

1. ______

经济学或社会意识活动：

1. ______

其他：

1. ______

日计划

一旦落实了周计划草案，接下来就需要将该草案具体化——制订周计划明细表。周计划明细表将每日分解成几个具体的活动时间段。在制订该表时，要力争使同一天的活动安排彼此有关联。比如，如果今天打算制作鳄梨酱和玉米脆饼，那么可以在今天的科学活动中安排有关鳄梨核的小组活动。

活动筹划

在筹划每日项目时，要尽量将大型活动间隔开。例如，假使我们将客座发言人安排在一天最初的时间段，那么对农产品的考察和体验游就应该安排在一天的结束时段。这样的安排可以避免在班级里造成混乱，也不至于让那些较难适应变化的孩子感到痛苦。

周计划草案

如果你负责全日制的教学安排，需要制订两份周计划明细表——一份用于上午，一份用于下午。如果你只负责半日的教学安排，则只需制订一份明细表。制作每日课程安排时，未必会用到草案里的所有想法，但草案填写得越详细，你的课程安排会越便利，因为有相当多的活动安排可供你选择。

课程计划

制订课程明细表时，请认真思考每一项活动的教学目标。

- 填写周计划明细表时，从每一项类别中至少选用一个活动。这样可以让每日的活动丰富多彩，杜绝单一性，如一周中只安排数学活动或者只有语言活动。
- 一旦你设计好了某些常规活动——如每周三安排烹饪活动——那么填写教学周历便易如反掌。备几份周历空白表，可以节约大量的填表时间。
- 每日必做的常规活动有“日历活动”。该活动每天在固定的时间、按照固定的程序进行，而每日都会变化的活动有“圆圈活动”和“小组活动”。

小窍门

复印符合你需要的空白周计划明细表，这样便可以制作出属于你自己的教学用书。将其有序排列，置于文件夹中。

周计划明细表(半日制)

周计划明细表

第_______周　　　　　　主题：______________

	星期一	星期二	星期三	星期四	星期五
8:30～8:40 孩子签到、每日健康检查、自由阅读					
8:40～8:50 开场圆圈活动、日历活动、全班通告					
8:50～9:45 工作时间					
9:45～9:50 清场时间					
9:50～10:00 第二次圆圈活动					
10:00～10:20 洗手、课间餐					
10:20～11:00 户外活动					
11:00～11:15 小组活动					
11:15～11:30 第三次圆圈活动、今日回顾、结束曲					

周计划明细表(全日制)

周计划明细表 第______周　　　　主题:______________					
	星期一	星期二	星期三	星期四	星期五
7:00～8:30 孩子签到、每日健康检查、各区角自由工作时间					
8:30～8:40 清场时间					
8:40～8:50 开场圆圈活动(包括日历活动)、全班通告					
8:50～10:50 户外活动					
9:50～10:00 圆圈活动					
10:00～11:00 工作时间/艺术活动/开放式课间餐					
11:00～11:15 小组活动					
11:15～11:45 户外活动					
11:45～12:30 洗手、午餐					
12:30～1:00 孩子准备午睡、读长篇故事					

续表

周计划明细表 第________周　　　　　　主题:______________					
	星期一	星期二	星期三	星期四	星期五
1:00～2:30 午睡、教师准备下午活动					
2:30～3:00 唤醒孩子、收拾午睡用品					
3:00～3:15 圆圈活动					
3:15～3:30 小组活动					
3:30～3:40 课间餐					
3:40～4:40 户外活动					
4:40～5:20 工作时间					
5:20～5:30 清场					
5:30～5:40 圆圈活动、今日回顾、结束曲					
5:40～6:00 自由阅读/一边玩智力玩具一边等待家长来接					

计划体验游

让孩子走出教室，向他们提供一些在社区亲自动手的机会，获取亲身体验是体验游的宗旨所在。通常，出于安全的考虑(抑或是家长和教师都认为带着孩子离开校园不方便)，幼儿园不会安排很多体验游。但是，只要有足够的家长支持你的教育理念，或者你能向家长提供一份详尽的体验游明细安排，筹划体验游并不困难。充分利用社区里现有的资源，让孩子有亲自动手的机会，还要保证这样的经历是有意义的。

决定去何处体验游

仔细研读你的长期计划表。再充分思考每个月当中，你的城市里有哪些地方可去(不必考虑距离或花费)。然后决定哪些游历对孩子们是最有意义的。

社区体验游列表

- 杂货店
- 动物园
- 冰激凌店
- 花店
- 牙医诊所
- 南瓜园
- 面包房
- 博物馆
- 警察局
- 兽医诊所
- 医生的诊所
- 图书馆
- 比萨店
- 园艺/五金店
- 公园
- 农产品市场
- 消防队
- 宠物店
- 邮局

小窍门

一年最少安排四次(一季度一次)体验游。通过亲身体验，孩子们对这个世界有更多的了解。

主题体验游

将体验游与最近的学习内容相结合，这样，所学知识可以在体验游中得到强化。比如说，这个月讨论的是“交通方式”，加州的某个班级便可以安排如下体验游：带孩子乘坐公共汽车去往某个无轨电车车站，然后登上机场附近的一艘船。经过这次体验游，孩子们感受到了四种不同的交通方式。一路上，不断鼓励孩子仔细观察，以寻找更多种类的交通方式，比如有人骑自行车、有人滑滑板、有人用溜旱冰的方式、还有人在步行。体验游的地方应该有创意。

进行安排

- 一旦确定了体验游的地点，接下来就是选择一个合适的日期。
- 查看你的日历，提前做好安排，如电话告知体验游的场所。
- 电话里要提供具体详尽的参观信息：如多少孩子前去参观、预计到达和离开的时间、问清楚所需费用。
- 为方便某些志愿加入体验游的家长向单位请假，至少提前 30 天做此计划。
- 记得在每月给家长的信中刊发体验游通知，还要记得在月历上注明。同时准备好供志愿者家长签字用的名录。
- 你还需要获得每个家长签字的授权书，授权你带着他们的孩子离开幼儿园。

交通

- 如果有足够的家长自愿参加体验游的话，请他们驾车护送孩子去体验场所是最好的交通办法。此时，你也需要获得孩子家长的签字授权书，表示同意他/她的孩子乘坐别人的车子前往。每个孩子都必须使用汽车安全坐椅。
- 如果需要搭乘公共汽车，5 岁以下的孩子可以免票，而且不需要使用汽车安全坐椅。提前电话确定公共汽车的路线和时间。
- 如果体验游场所离幼儿园只有几个街区的距离，徒步前往则是最好的选择，既有趣，又可以锻炼身体。
- 最后，你还可以选择租用一辆巴士。这个选择花费较高，但是孩子无需使用安全座椅，而且可以让所有人一同前往。

小窍门

社区里总会有各种各样的、孩子们非常熟悉的环境文字。在体验游中，让孩子们搜集一些这样的文字，并将其用于以后的教学中。

搭乘公共汽车授权书

本人同意我的孩子______________(孩子姓名)和他/她的班级一起于________(日期)搭乘公共汽车前往________(体验游场所)参加体验游。

本人签名同时也授权____________(孩子所在幼儿园名字)在紧急情况下对孩子进行紧急处理。

本人联系方式____________

日期____________　　家长签名____________

搭乘私家车授权书

本人同意我的孩子______________(孩子姓名)和他/她的班级一起于________(日期)搭乘私家车前往________(体验游场所)参加体验游。

本人签名同时也授权____________(孩子所在幼儿园名字)在紧急情况下为孩子进行紧急处理。

本人联系方式____________

日期____________　　家长签名____________

徒步体验游授权书

本人同意我的孩子________（孩子姓名）和他/她的班级一起于 ________（日期）徒步前往________（体验游场所）参加体验游。

本人签名同时也授权________（孩子所在幼儿园名字）在紧急情况下为孩子进行紧急处理。

本人联系方式________

日期________　　　　家长签名________

体验游通知单

我们的班级将于________日进行体验游。
到达体验场所的时间预计为________。
离开幼儿园的时间预计为________。
回到幼儿园的时间预计为________。
所需费用________元。
请于________日之前将授权书与费用交与本人。

本人需要________名志愿者家长一同前往。请尽快告知您是否可以和孩子们一起参加本次体验游。

请务必保证孩子：

- 早餐健康并且卫生
- 使用防晒物品
- 穿着合适的衣服和鞋子

谢谢！

________（教师签名）

志愿者家长名录

体验游目的地：___________

离开幼儿园时间：___________

回到教室时间(大约)：___________

交通工具：私家车

交通工具：私家车		
家长姓名	是否驾车(是/否)	可搭乘人数

家长志愿者名单

体验游目的地：___________

离开学校时间：___________

回到学校时间(大约)：___________

交通方式：徒步　　公共汽车　（请选择一种）

家长姓名：

____

____

____

体验游清单

体验游目的地：___________		
孩子姓名	授权书	已交费用 （填入金额）

体验游的成人—儿童比

体验游的最佳成人—儿童比是1∶1或者1∶2。如果有较多家长自愿参加，这个比例是可以保证的，只是你不能指望每次体验游都会有大量家长自愿一同前往。事实上，1∶4的成人—儿童比就已经可以保证对孩子的有效监管了，而且一般情况下，会有足够的家长自愿参加，以保证这个成人—儿童比例。

让孩子为体验游做好准备

帮助孩子做好充分准备是保证体验游成功进行的必要条件。

- 在教室的日历上标注体验游的日期，并提前告知孩子到那以后需要做什么。比如，如果他们要去比萨店体验，告诉孩子们一定要仔细聆听店长的指令，因为他们每个人都将亲自动手做个比萨当午餐。
- 在体验游当日，还需再次告知孩子们要去哪里，到那以后要做什么，以及你对他们的行为举止有何期望等。
- 孩子们经历的体验游越多，他们越能符合你对他们的期望，也越能适应日常的活动安排。

体验游当日

在体验游当日，你手里应该已经有了以下书面材料：一份家长志愿者名单；一份已经交钱，以表示愿意参加本次体验游的孩子名单；以及有孩子家长签字的各种授权书。接下来需要做的是：在每个孩子的身上粘贴信息标牌(nametag)，将随身携带的物品打包，然后将孩子分派给相应的家长。

小窍门

如果条件允许，不要将你自己算在成人—儿童比之列，因为你需要负责整个活动的总体安排。

信息标牌

每张信息标牌上都需写明幼儿园的名称和联系电话，这样，万一有孩子走失，人们可以依据信息牌上的信息与幼儿园取得联系。不要在信息标牌上留有孩子的名字，以防有人利用名字与孩子套近乎，借以诱拐儿童。制作信息标牌可以使用大号不干胶贴纸、遮蔽胶带或者悬挂式名片。如果选择使用不干胶贴纸或遮蔽胶带，记得粘贴在孩子后背中间，这样不易脱落。如果你计划进行多次体验游，不妨使用具有特色的悬挂式标牌。

悬挂式标牌

- 尝试按照以下模式，写明幼儿园名称和联系电话。
- 将标牌压塑。
- 用打孔机在每个塑封标牌的顶端打孔，以方便橡皮筋穿过。
- 在体验游当日，当孩子们到园后，用橡皮筋将名片悬挂在孩子衣服的合适地方。
- 用这种方法可以帮助你制作可多次使用的信息标牌。除了上述方法以外，还可以使用大号安全别针，将标牌别在孩子身上。

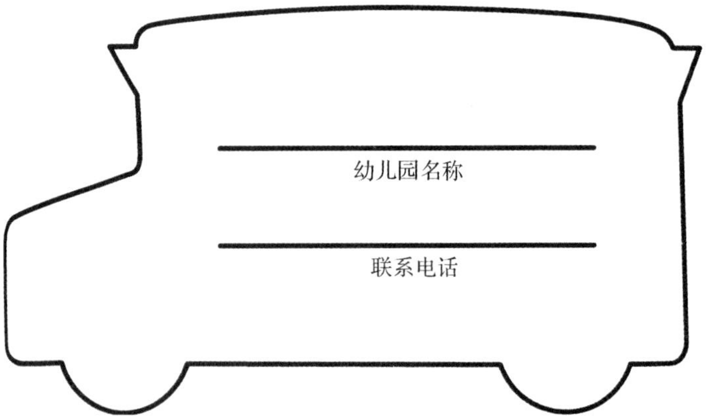

提前将孩子分派给家长

如果提前做好安排，你手中就应该有一份每位家长所负责照看的孩子名单。

- 你需要给每位家长一份他/她所负责照看的孩子名单，这样便于他们记住孩子的名字。比如，希尔太太（马特的妈妈）：马特，珍妮，克里斯，莎拉。
- 动身之前，让有家长参加本次体验游的孩子起身，走向自己的家长。
- 再请点到名的孩子起身。
- 告知这些孩子，他们将由某位同学的家长带队。然后将这组孩子送至那位家长跟前。

这样由你提前将孩子分组，可以打破某些孩子自发形成的固定组合。

需要随身携带的物品

动身离开幼儿园之前，随身带上一些必备物品。这些物品可以放置在你随身的背包里。

- 手机；
- 紧急情况下孩子家长的联系方式；
- 家长出具的、同意对其孩子实施医疗急救的许可；
- 家长签名的各种授权书；
- 塑料手套；
- 急救箱；
- 纸巾；
- 所有参加体验游的孩子名单；
- 依据体验游的时间长短，给孩子们准备的零食。

对有行为障碍孩子的处理方法

将孩子带离幼儿园的过程中，你最需要关注的是安全。如果你认为某个孩子参加某次体验游存在安全问题，这时，你有两种选择。一是请求孩子家长和你一起带孩子参加本次体验游；二是将孩子留在幼儿园，交由另一个班级托管。在向孩子家长发出请求时，务必作出如下解释：你的考虑不是歧视，而仅仅是出于安全的角度，因为你希望孩子能从这次体验游中获取积极的体验经历；其次，作为带队教师，你不可能将注意力只放在一个孩子身上，你需要关注所有孩子的情况。有了你真诚的解释，大部分家长会为体验游作出安排。但如果他们确实无法抽身，那你只能将孩子交由另一个班级托管。

小窍门

带几件中性衣服，以防孩子出了意外之后需要换衣服。

班 级 管 理

Classroom Management

月度信函

家长是你最好的同盟，与他们的沟通将会使你的教学效果焕然一新。家长愿意参与到孩子的教育中来，如果你能使他们感受到自己确实是孩子教育过程中不可或缺的一分子的话，他们的积极性会更高。当今社会中，大多数家庭是双职工，孩子大多交由幼儿园或托儿所照看。但是，有一点你还是应该记住，那就是这些双职工家长和其他居家父母一样，都希望积极参与到孩子的教育中。除了每天早晨签到时与家长简短交流之外，还有很多其他途径能确保你们沟通无障碍，如月度信函、教学月历、事故报告、尴尬事报告，还可以将“每日留言”和“课程计划”邮寄给家长。

在月末，应该将下个月的主要安排告诉家长。对于某些家长而言，这是你和他们之间唯一的交流方式。让家长了解幼儿园里所发生的事情非常重要。当家长问孩子：“今天你在学校做了什么？”孩子通常会回答：“没做什么”或者“我不记得了”。但是如果你能向家长提供一份月度信函或教学月历之类的报告，家长就可以问一些具体的、有针对性的问题，比如“你今天做的香蕉面包怎么样？使用了什么原料”。月度信函应该分成几个栏目，这样方便阅读。建议可以包括如下栏目：未来抢先报、求助、特别提醒、感谢信。

未来抢先报 在这个栏目里罗列该月每一周的日期和活动主题。这样可以让家长充分了解这个月里每周的主题和话题。	**寻求帮助** 在这个栏目里，你可以向家长发出各种求助，从寻求像汽水瓶这类可循环使用的物品，到请求家长参加体验游等。要敢于开口求助。
特别提醒 这个栏目的内容包括：访问者姓名、客座发言人姓名、体验游、生日、班级聚会以及幼儿园放假的日子等。	**感谢信** 对那些你需要表达感谢的事（不要有遗漏），写封感谢信，并将其收录在月度信函中。需要写感谢信的事情有：家长来到幼儿园为孩子们讲故事、带来食品盒、做志愿者或者为孩子们带来零食等。

月度信函(范例)

未来抢先报	寻求帮助
特别提醒	感谢信

教学月历

教学月历是以月历的形式再现月度信函的内容,并附加一些额外信息。提供这样一份月历,可以方便家长在上面添加或修改某个额外活动安排。鼓动家长将月历贴在冰箱门上,以方便每日查看。

在月历上展示该月活动安排

标出所有需要特别关注的日子。同时,月历也方便你填写一些无法收录在月度信函里的信息,如孩子们在分享日该带什么东西,以及将要烹饪什么食品。总之,月历应当充分展示你班级里所开展的所有活动。

教育术语

在月度信函里多使用教育术语，如计算、分类、列清单、观察、演示、歌唱、实验等。这样可以让家长清楚地了解孩子在幼儿园里学习了哪些技能，以及已经达到学前教育的哪方面标准。将月度信函和教学月历同时交给家长。

小窍门

教学月历也方便你标注一些有趣的日子。例如，9 月 26 日是莎姆的生日，或者 7 月 16 日是美国冰激凌日。

教学月历（范例）

星期一	星期二	星期三	星期四	星期五

知会家长

事故

只要我们鼓励孩子参加冒险活动，发生各种事故就在所难免。如果你班上的孩子受伤，知会家长，对此你责无旁贷。

记录事故

对于所发生的事故，养成记录的习惯，记录的内容包括事故发生日期和时间、事故涉及哪些人、发生了什么、已经为受伤的孩子做了哪些处理等。如果事后出现问题，这样的记录方便你有据可查。

何时打电话通知家长

- 如果孩子的头部或面部受伤，不管伤势多轻，请及时打电话给家长。这只需花你几分钟的时间，而家长会非常感激你的认真和努力。如果他们发现孩子的脸上有伤痕而自己没有得到及时通知，他们会对此心怀不满。
- 在通知家长的过程中，你必须要做的第一件事情是：告诉家长，他/她的孩子平安无事。无论什么时候，只要家长一接到孩子幼儿园打来的电话，他们都会下意识地认为孩子发生了不测。
- 电话告知的内容包括：孩子当时在做什么、他/她是怎么受的伤、你已经做了哪些处理等等。例如："你好，史密斯先生，我是约翰尼的老师，马歇尔太太。约翰尼现在很好，您放心。我打电话只是想告诉您约翰尼的左脸颊被划了一下。他当时在找虫子，站起身时，不小心被旁边的树枝划到了脸。我们已经用水清洗了伤口，贴了创可贴，还用冰块对伤口进行了冷敷。我会在他书包里放一份事故报告"
- 如果事故涉及另外一个孩子，不要说那个孩子是谁。这需要保密，因为你并不希望这位家长打电话去询问那个孩子的家长发生了什么。你只需这样说："约翰尼当时正在和另一个孩子一起玩耍，用小铁锹挖虫子。因为找到了虫子，那个孩子非常兴奋，他的铁锹不小心划伤了约翰尼的脸。”

- 如果你感觉受伤的孩子需要药物治疗，沉着地向其家长解释原因。例如，“约翰尼当时和另一个孩子一起挖虫子。那个孩子手里拿着小棍子，找到虫子后非常兴奋，手里的棍子不小心划伤了约翰尼的脸。我已经对伤口做了清理，还贴了创可贴。但是伤口看起来有点深，所以也许你需要带他去医院，看是否需要缝针。”

小窍门

复印一摞空白事故报告单，放在教室里伸手可及的地方，这样在你急需时，伸手可得。

事故报告单（示例）

孩子姓名：Graciela Ewing　　日期：9月25日

受伤原由：Graciela 在平衡木上跳跃，不小心摔落，撞伤了膝盖。

已采取措施：已用冰袋进行了冷敷。她说感觉好多了，已经无需再冰敷了。

是否联系家长：否　　是否送交护士：否

事故报告单（空白表）

孩子姓名：__________　　日期：__________

受伤原由：

____

____

已采取措施：

____

____

是否联系家长：__________　　是否送交护士：__________

尴尬事报告

这里的尴尬事指的是孩子尿裤子。

• 在此报告里，说明孩子当时在做什么以及发生了什么。

• 如果是下面情况，请在给家长的报告中写清楚："孩子已经来到了卫生间门前，可是忙着玩儿，不想上厕所，结果导致……"或者"孩子在小憩时睡着了，导致……"。

• 如果某个孩子经常出现尿裤子的情况，要记录每天发生的时间、喝水情况，以及孩子是否因为不舒服而闹情绪。

• 家长可能需要依据这些信息决定是否有必要带孩子去看医生。

将情况通报家长

与家长的良好沟通对于建立家园关系非常必要。如果你不能与家长每天见面，那么由你亲自将各种情况通报家长是不现实的。如果你所供职的幼儿园提供课前或课后托管，或者你负责全日制课程，那么家长可能在你还没有到达幼儿园之前就已经将孩子送抵幼儿园，或者在你离开时孩子还未被接走——这些情况都表明你无法见到孩子家长。

家长信息区

可以在教室的入口处，或者家长接孩子时签名的地方设置一个"家长信息区"。

• 在这个信息区，可以张贴"今天我们做了什么"这样的汇报、放置签到簿/签离簿以及对即将开展活动的特别通知。

• 在"家长信息栏"还可以张贴一些有关家庭生活的文章，这些文章大都来自杂志或报纸。

• 还可以放置一个你的信箱，方便家长与你书面沟通。

尴尬事报告单(示例)

孩子姓名:比亚特里克斯·史密斯　　　　日期:9 月 25 日

事发原由:

比亚特里克斯在小憩中睡着了,尿湿了裤子。

已采取措施:

比亚特里克斯已经换上了干爽的衣服。湿衣服放置在一个塑料购物袋中,由她带回家。

是否联系家长:是。在查阅了有关比亚特里克斯以前的尴尬事记录,我们发现比亚特里克斯在这方面的事故较其他孩子要多,所以我们希望家长知道这个情况,有必要的话带她去看医生。

是否交送护士: 否

尴尬事报告单(空白表)

孩子姓名:＿＿＿＿＿＿　　　　日期:＿＿＿＿＿＿

事发原由:

已采取措施:

是否联系家长:

是否送交护士:＿＿＿＿＿＿

将情况通报家长

信箱

为你班上的每个孩子(或家庭)设立一个独立信箱。这既方便你发布各种信息,如月度信函、教学月历、各种报告以及其他通知,也方便家长查询。不仅如此,你还能及时发现哪些家长还没有取走那些重要通知。开动脑筋,你会发现有很多方法制作这样的信箱。

牛奶盒

第一种制作信箱的方法是使用 2 升装的牛奶盒。将其顶端剪掉,让孩子先用贴画、水彩、彩笔等点缀一张纸,再用这张纸包裹在他/她的信箱外面。接下来检查信箱上是否写有孩子的名字。最后将所有信箱粘在一起。

悬挂式鞋架

第二种制作信箱的方法是使用挂在门上的鞋架(也可以是钉在墙上的)。你需要足够多的槽口来保证班上的孩子每人都有一个。将孩子的名字或照片贴在槽口的外面,这样就可以制作出独立的信箱了。

背包

如果你所在的幼儿园要求孩子每天背个背包来幼儿园的话,那么你还可以充分利用它来充当你的信箱——将报告放置其中或订在包的外面。在订时,将纸张缠绕在背包肩带上,在纸张接头处装订,这样避免在包上扎出一个洞。使用背包信箱存在这样一些弊端:① 若将报告放置在包外,可能会被其他人看到;② 若将报告放置在包内,你无法确认家长是否已经获得相关报告信息,因为那张纸质报告很有可能已被深埋在包底。

小窍门

如果你发现某个孩子的家长经常忘取信函，不妨在孩子的腰间围扎一张纸条，上书："你有信函待取！"这样可以提醒孩子及其家长在回家前查看信箱。

家长—教师会议

家长—教师会议应该一年举行两次。会议之前，应该允许家长有充分的时间回顾幼儿园予以自己孩子的评估，会议应当由你和家长亲自出席，并且是一对一的形式。提前安排好会议，会议进行前一周，给家长发一封提醒函。

会议安排

家长—教师会议需要提前做好安排，以方便你和家长做好准备。会议区域应该比较私密，不易被人打扰。有两种方式安排会议：① 给所有家长发信息，询问他们什么时间方便和你见面；② 在"家长信息栏"张贴一张家长会信息回馈表，请家长在表中写上各自方便与你见面的日期和具体时间。会议安排尽可能灵活，最好能与每一位孩子的家长见面。对于没有在回馈表中签字的家长，你需要打电话询问。你不希望打断家长们的谈话或者让他们久等，所以，给每位家长充分的时间与你交谈，尤其是那些喜爱聊天或者有很多顾虑的家长。

如何开始和结束会议

用以下的方式开始家长会：询问家长有哪些关于孩子的问题或担忧。会议前几天，将幼儿园对孩子的评估交由各位家长，这样，家长就有充分时间阅读这些评估，并提前写下自己的疑问。这样的开场非常自然地为你们之间的交流开启了一扇门，而且在你的鼓励之下，家长也更加愿意和你交谈。会谈期间，避免你一言堂。你需要通过倾听家长的心声来了解他/她对你和孩子的期望。在你谈论孩子的时候，不要只集中于孩子存在的问题和需要改进的地方，要给家长一幅有关孩子的"全景图"。谈及孩子发展的各个方面时，要力求具体（这些具体细节均来自于孩子的作品集和轶闻实录)。谈话要真诚、实事求是,因为你不想给家长提供一幅孩子的“假象”。要在积极向上的氛围中结束会议。另外让家长明白,你随时恭候他们提出疑问或担忧。

小窍门

在会议开始和结束时,多谈及孩子积极的一面。家长们经常感到他们从教师那里听不到有关孩子的积极评价,有的只是负面评价。

家长—教师会议出席表

日期	时间	家长姓名	孩子姓名

提醒函

您已签署家长—教师会议回馈表,将于________日 ________时出席。如果您不能如约前来或需要另换时间,请电话告知。我的电话____________________________。

谢谢!

____

志愿者

来到班里帮忙的志愿者可能是孩子父母、祖父母、哥哥或姐姐，还有高中生。如果有人想到你班里做志愿者，只要经过幼儿园相关部门许可，就让他们来！家长是你最好的支持者和同盟者。一旦他们见识到你的工作多么努力，他们对你和你工作的感激之情会油然而生。制定一个开放的志愿者政策，欢迎他们任何时候来你的教室里帮忙！

给志愿者布置一个任务

如果有家长想来做志愿者，请他们提前一天通知你。这样，你可以提前安排一个具体的任务，如做艺术活动助手、读故事、和孩子玩某个特定的游戏等。不要让志愿者们干坐着、傻看着。只要他们愿意来帮忙，那就让他们忙起来！

志愿者上岗之前

为帮助志愿者更好地进行工作，给他/她一些必要的提示。

- 让志愿者熟悉教室里物品的摆放，以及教室内的规矩。
- 鼓励志愿者在与孩子说话时，蹲下身去，和孩子的视线保持在同一水平线上。
- 鼓励志愿者在和孩子说话时，使用规范的语言和正常的声调。不要刻意模仿儿童语言，也不要只顾自己说，不给孩子表达的机会。
- 不要干扰孩子的正常活动。
- 要有趣。

体验游志愿者

在安排体验游或者其他教学活动时，你可能非常需要家长志愿者的参与。发出请求的方式有：① 在月度信函里列上这些活动的日期；② 在"家长信息栏"张贴一张供家长签字的回馈表；③ 在家长送孩子来幼儿园或接孩子回家时提醒他/她。

感谢信

及时记录哪些人、什么时间来到你的班里帮忙，然后给他们写一封感谢信。鼓励家长花些时间来教室做志愿者可以促进家长和孩子之间的有效交流，也更能促进家长对孩子成长的关注。因此，你越对他们的到来表示感激，他们越愿意再来。

课堂记录

这里的记录涵盖很多东西，从孩子平时的表现到缺席天数以及原因，都应该包括其中。你不可能依靠大脑记住所有的细节，所以，为每个孩子设置一个文件夹，存放有关他/她的所有记录是个不错的主意。

如何管理

在你文件柜或活页本里，应该为每个孩子设立一个信息记录栏。每个孩子的信息记录栏里应该放有两张写有孩子姓名的记录纸。一张是“健康记录表”(记录有关孩子缺席的天数和原因)，还有一张是“行为记录表”。

行为记录表

该记录表应该如实记录发生在孩子之间的较为严重的肢体冲突。

- 例如：6 月 27 日，星期一，马特连续击打约翰的背部。冲突的起因是一辆翻斗汽车。约翰想将翻斗汽车拿到沙盘去玩，但马特坚持要将车留在积木区。
- 将这份记录放在马特的信息记录栏里。做好这样的记录可以确保你在回顾此事时，能说出具体的日期和当时的事发情况。
- 当你和马特父母面谈时，能够向他们提供事发日期以及马特对其他孩子动粗的次数。

健康记录表

你可能被问及：“你还记得约翰尼什么时候因为眼结膜发炎而请假回家的吗？你这里有没有他具体请假日期的记录？米兰达现在也患上了这个毛病，她妈妈认为她是在幼儿园被传染的。”这时，查阅约翰尼的健康记录，情况就明了了。记录上写着：“约翰尼是六周前眼结膜发炎的，当时请了 4 天假。”由此，米兰达的妈妈就明白米兰达不是在幼儿园被传染的。

小窍门

将所有的家庭隐私信息保存在一个较为安全的、不易被其他家长获取的地方。

行为记录表

孩子姓名：____________________

日期/行为：

日期/行为：

日期/行为：

日期/行为：

健康记录表

孩子姓名：____________________

日期/健康状况：

日期/健康状况：

日期/健康状况：

日期/健康状况：

行　为

行为管理

乍听“行为管理”这个名词，你大概认为它是指你用来阻止恶劣行为的方法。事实上，并不尽然。行为管理的范畴要远远大于对恶劣行为的处理。简言之，行为管理指的是当你班上有冲突发生时，你如何处理它以及如何避免类似的事情再次发生。这要从井然有序的教室文化开始。定义明确的室内区域，加上秩序井然的课堂管理，一定会培养出行为良好的孩子。

鼓励解决冲突

如果两个孩子之间发生了冲突，鼓励孩子们自己解决。但是因为孩子们并不知道该说些什么，所以最初的几个月里，需要引导孩子们了解一些“问题解决技巧”。

- 让孩子面对面站着，告诉对方自己为什么生气。
- 鼓励孩子在对方发言时要倾听，不要插嘴。
- 然后问孩子：“你们认为该如何解决这个问题？”
- 如果他们就解决方法达成了一致，尽管看起来有些不公，仍然要尊重他们的意见。

重要的是他们共同努力之后，寻找到了双方都可以接受的解决方法。当冲突发生后，让孩子面面相对可以让他们正视彼此，体会彼此的真实感受。这也是孩子迈出自我为中心这一阶段的第一步。

共享 VS 轮流享用

你经常会听到孩子这样抱怨：“他独占……不让我用。”具体情况要具体分析处理，但是一般来说，我们不应该因为孩子乙想要某样东西，就要求孩子甲立刻把东西交给孩子乙。

- 例如，珍妮正在用粉色毯子盖住她的娃娃，而谢尔比也想要粉毯子。此时谢尔比来到你身边，对你说珍妮独占毯子，不给她用。你会要求珍妮把毯子给谢尔比吗？不能。你应该这样做：让谢尔比问珍妮是否可以在她用完以后把毯子给她用。然后谢尔比会走到珍妮身边，对她说："珍妮，你用完毯子以后能把毯子给我玩一会儿吗？"

通常情况下，孩子甲会把东西给孩子乙的。学会轮流享用和学会共享一样重要。

- 再如：比利在画案前画彩虹。右手在画，左手拿着所有的彩笔。此时马特走过去，说他需要比利手里拿着的蓝色笔。比利说："不行，我要用它画彩虹呢。"此时你是否需要比利学会共享？是的，因为比利一次只需要一种颜色的彩笔。

小窍门

孩子发生冲突的原因之一是因为某个区角过于拥挤。因此在教室里放置一块可以显示各个区角已容纳人数的计划板是非常必要的。

集体活动时的行为举止

每日的圆圈活动过程中，你也会遭遇到一些不良行为。可以通过使用小坐垫的方式，在教室内灵活安置这些小朋友。将容易互相干扰的孩子分开安坐或者将其中一人安置在你身边就座，可以快速有效地避免某些不良行为的产生。如果你发现在整个圆圈活动过程中，孩子一直都在躁动不安，或者你感觉整个活动过程中，你需要不时地停下来维持秩序，应立即停止该活动。原因有二：① 圆圈活动涉及的话题超出了孩子们的理解范畴；② 圆圈活动时间过长。

对自己的行为举止负责

鼓励孩子对自己的行为负责。

- 如果某个孩子想通过发脾气达到目的，你就让他/她发脾气。
- 此时告诉孩子："看得出来你很生气。你可以在这里坐着，一直到你平静下来为止，然后我们再谈。"这样的处理方式是将主动权交给孩子，由他/她自己决定该在这里坐多久。
- 让其他孩子对这个行为不予理会。
- 如果在此过程中还有其他行为发生，比如扔东西，你就对孩子说："生气可以，但不可以扔东西。"这样，你再一次将主动权交给了他/她，由他/她决定这种状态该持续多久。
- 这种僵持持续一分钟后，上前询问这个孩子，问他/她是否已准备好和你谈一谈。如果答案是肯定的，那么和他/她聊聊如何解决问题。如果答案是否定的，继续上述策略。
- 如果有孩子经常出现上述状况，千万不要感到沮丧。只要你坚持这个策略，他/她早晚会明白自己的行为纯属浪费时间，这样的现象也会慢慢消失。

行为管理小贴士

- **要沉得住气。**不要轻易发脾气，那只会让情况更糟。如果确实遇到让你不悦的情况，保持镇定，用相同的语气重复你愿意看到的行为。例如，“约翰尼，排好队”，“约翰尼，排好队”，“约翰尼，排好队”。不断重复这句话，一直到孩子停止捣乱并排好队为止。
- **要坚定、公平、前后一致。**必要时使用严厉口吻说话。公平对待所有的孩子，不要不做解释就擅自改变结局。
- **不要放弃你的权力。**你是你班级的权威。不要轻易将孩子遣送至办公室或威胁说要打电话给其家长，这样做只能降低你的威望。孩子会明白只有园长或家长才是权威，而你不是。以上做法只有在极端情况下才可考虑使用。
- **使用积极的言语和动作进行表扬。**清楚地表达出你希望孩子如何行动，当孩子做出你期望看到的行为时，要对其加以表扬。一些小小的身体语言，如轻拍孩子的后背或冲孩子友好地眨眨眼，都可以起到积极强化的作用。

课堂规则

儿童早期课堂是一个供孩子们冒险、发现和学习的地方。一套合理的规则可以确保这些成为可能。只有当孩子在一个合理的范围之内，并且清楚地知道自己该怎么做，他们才会感觉舒服，才能高效率地学习。教会孩子如何在一个有规则的班级里安然自处是创设和谐氛围的关键。在强调课堂规则时，要坚持“坚定、公平、前后一致”的原则。如果你不允许约翰尼和马特玩枕头游戏，那么艾米丽和珍妮弗也不能玩这个游戏。不管是哪组孩子，规则应该是一样的。

当制订书面规则时，不要超过 7 条，否则孩子会感到不知所措。措辞要正面，避免使用“不准”这样的负面词语。清楚陈述你希望看到的，而不是你不愿看到的。

班级规则（正面措辞）	班级规则（负面措辞）
• 轻声交流	• 不准大声说话
• 轻移脚步	• 不准奔跑
• 互相帮助	• 不准推搡、打人
• 友善的面容和言语	• 不准骂人
• 圆圈活动中安静地举手发言	• 圆圈活动中不准擅自说话
• 正确使用各种物品	• 不准损毁玩具

表扬能创造奇迹

表扬有下列行为的孩子：一起玩耍、能够倾听、正确排队、圆圈活动中安静就座、积极清场、善待朋友。表扬对于维持秩序有相当大的帮助。例如排队时总会有几个孩子调皮捣蛋，或者不停地说话。此时你只需说："我喜欢看见艾丽莎眼睛的样子。"你会发现，其他孩子会立即转过身来看着你。圆圈活动时你可以说："哇哦，看看比利今天坐得多端正啊！"总之，表达规则时尽可能使用正面字眼。

小窍门

班级规则适用于所有的人，包括你自己。如果不允许孩子站在椅子上，你也不可以这么做。记住：你也是这个班集体的一分子。

班级规则

- 轻声交流
- 轻移脚步
- 互相帮助
- 友善的面容和言语
- 圆圈活动中安静地举手发言
- 正确使用各种物品

语 言 能 力

Addressing Skills

阅读基础

设置阅读基础标准

如果你问家长孩子是从什么时候开始学习阅读，很多人会回答“在小学一年级”。他们的答案很大程度上基于他们的记忆——他们自己是从那个时候开始接受正规阅读训练的。然而我们知道，事实上早在孩子们接受正规的小学阅读训练之前，我们就已经开始为其阅读打基础了。

此外，标准运动也为各个年级的学业水平制定了标准，况且，“高学业标准低年级化”这种现象也已逐年呈现。现在的人们对孩子的学业期望越来越高，常常希望孩子在进入学前班之前就已经掌握了原本需要在学前班学习的东西，这样越发给幼儿园阶段的教育提出了更高的学业要求。

2000 年，“全美阅读委员会”(the National Reading Panel)出版了一篇题为“教会孩子阅读：一份对有关‘阅读及阅读训练的应用’科学文献的评估报告”的研究报告。之前的研究已经向人们展示了阅读训练中的五个关键要素，该报告再次确定了这五大要素：音素意识、音位、词汇、理解力和流利度。

为孩子打好基础，从而确保他们能在小学阶段有效地学习文化课，已经成为幼儿园阶段教学大纲的重要组成部分。通过提高对阅读训练要素的认识，以及有目的地计划和安排，早期儿童教育者们可以在教授与阅读有关的技能时，为孩子们打下坚实的阅读基础。我们可以帮助孩子建立对阅读的自信心，其关键是：① 为他们营造一个充满文字的学习环境；② 向他们展示阅读的形式；③ 在安全和没有竞争的环境里给他们提供练习阅读和阅读技能的机会。不仅如此，教师还应该通过有目的的设计，让孩子在各种纷繁的情境下“巧遇”阅读。在这一章，我们提供了一些想法以及活动，希望能够帮助年幼的孩子理解我们的书面语(英语)是如何构成的，以及如何在阅读中加以运用。

小窍门

在“月度信函”里，附一些适合发展孩子阅读能力的活动。通过这样的安排，可以帮助家长将家庭活动与幼儿园活动联系起来，家长们也更加清楚如何帮助自己的孩子。他们会非常欣赏并感谢你的努力！

环境文字

环境文字是教授阅读技能的绝佳起点。环境文字指的是孩子们在日常生活中遇到的各种印刷文字，如麦片的包装盒、食物包装外标签、道路指示牌、商店名称以及玩具包装。孩子们通常能辨认出生活环境中出现的这些文字。事实上，它们也是孩子们自认为自己能够最早“念”出来的文字之一。然而孩子往往需要在某个语境中才能辨认出这些环境文字。例如，一个孩子站在某个餐馆门外，能轻易认出餐馆招牌上的饭店名称，但当这个名称呈现于纸上时，他/她可能就认不出了。这些文字的辨识性通常来自于餐馆徽标的设计风格和色彩。

通过与成人(教师或家长)的互动，孩子们可以对这些有意义的印刷文字产生语言联想，从而有助于对其他印刷文字的辨认和理解。利用环境文字教授阅读技能有以下优势：① 环境文字易于孩子搜集，并携带来幼儿园；② 这些环境文字对于孩子们而言都是有意义的，因而易于学习。

使用环境文字进行课堂教学的关键是：选用那些对孩子而言辨识率较高的文字。那些流行的品牌、饭店名称、商店名称都是很好的选择。鼓励孩子将他们认得的环境文字带来幼儿园，这样可以提高他们对周围环境——家或社区——所出现文字的关注度，而且也可以使基于这些文字而设计的课程更加有现实意义。

因为环境文字在早期儿童课堂教学中效果极佳，因此本章提及的五大阅读训练要素都应该与环境文字发生某种关系。

小窍门

在教室里辟出一块专门的地方，用来张贴孩子们从家里带来的那些环境文字。这样，在这些文字正式出现在课堂教学之前，孩子们就能够看见并试着念出来了。一块专用的公告栏就可以达到这个目的。

音素意识

这里的音素意识指的是孩子分辨并能发出语言里各个音的能力。有研究表明，音素能力可以成为一个人能否进行成功阅读的预测点，因此这项能力的培养很重要。

“音素”指的是语言里单个的“音”。例如，“hat”这个单词的第一个音/h/就是一个音素。当然，一个音素并不一定只由一个字母构成。单词“thin”中的/th/也是一个音素。

音素意识活动可分为八个类别。

- **音素隔离**:分辨单词里的各个音。例如，单词“cat”的第一个音是/c/。
- **音素确认**:辨别出单词里相似的音。例如，单词“dog，dot，dig”的第一个音都是/d/。
- **音素分类**:区别哪些单词发音相似，哪些发音不同。例如，单词“sit，bit，hit”有着相似的音，但是“man”却没有。
- **音素拼缀**:将音素拼接在一起，形成单词。例如，/t/、/e/、/n/这三个音可以拼接在一起，形成单词“ten”。
- **音素拆分**:将单词拆成相互独立的音素。例如，单词“bank”里有四个音——/b/、/a/、/n/和/k/。
- **音素删除**:用以下方式辨认产生的新词，即从一个单词中删除某个音。例如，从单词“nice”中删除/n/音之后，我们得到了“ice”这个词。
- **音素增加**:用以下方式辨认产生的新词，即在一个单词中增加某个音素。例如，在单词“at”的前面增加/s/音，我们得到了“sat”这个词。
- **音素替换**:用以下方式辨认产生的新词，即改变某个单词里的某个音。例如，如果将单词“pig”中的/p/音换成/w/音，我们得到了单词“wig”。

以上罗列的音素意识活动由简入深。虽然，作为早期儿童教育工作者，我们不会教授有关“因素替换”的正式课程，但是我们应该意识到孩子们需要从事一些这方面的训练活动。另外，你会发现，那些基础的音素练习对某些孩子而言简直是小菜一碟，此时，给他们一些挑战。

音素意识活动的核心部分是它们能够引起孩子们的兴趣，因为孩子们喜爱语言游戏。

孩子们喜爱玩那些含有他们姓名的文字游戏。因此，可以设计一些与姓名有关的音素意识活动。

童谣中的名字

课堂里都曾读过很多童谣，可让孩子辨识其中的人物名字。例如，先要孩子们辨识出童谣“Little Miss Muffet”中的名字“Miss Muffet”。然后要孩子们确认单词“Miss”和“Muffet”的首音。最后，请名字里有着相同首音的孩子站起来。故事里的人物名字也可用在这个活动中。

神秘的名字

将某个孩子的名字拆开来念，并邀请大家猜你在说谁。例如，如果你念的是“Tim”，不要一次性完整地念出来，而是先念/t/，停顿一下，再念/i/，停顿一下，再念/m/，一边念一边让大家猜你念的是谁。

换名游戏

用字母表里的字母和相对应的声音，进行姓名发音替换游戏。让孩子用正在学习的字母发音替换他们名字里的首音。假如你们正在学习字母“s”，那么“Julia”就变成“Sulia”，“Mark”就变成了“Sark”。在每天的圆圈活动中用这种方式练习几个名字，或者专门辟出一天来，在那一天每人都有一个新名字。

环境文字联想

向孩子们展示他们非常熟悉的某个餐馆或商店的徽标。问他们是否知道这个徽标所代表的餐馆或商店的名称。一旦孩子们辨认出来，再让他们说出这个餐馆(商店)名称的首音。倘若孩子在区分首音时遇到困难，慢慢地演示这个单词该如何发音，或将各个因素切分开来。重点强调该单词的首音。如果孩子依旧感觉困难，告诉他/她那个音，然后将该单词再重复几遍。

小窍门

“神秘的名字”游戏还可以用于将孩子从一个活动区角引入另一个活动区角，此时，一次让孩子猜一个名字，被猜的人可以进入某个区角。

音　位

音位方面的指导可以帮助孩子在字母和声音之间建立联系，并且了解字母和声音是如何共同作用形成了书中的文字。年幼的孩子都要学习字母表里的字母。不少幼儿园已经承担起了正式教授字母和声音的任务——其中的一些甚至使用教科书出版商所出版发行的阅读课程。传统上，尽管人们一直认为音位的指导必须依赖纸笔才能进行，但是现在很多无需纸笔的音位指导活动也应运而生，而且这些活动都非常适宜儿童的成长发育。

报纸寻踪

将孩子们正在学习的字母（如字母“B”）写在大而厚的纸上。给孩子们一套工具，包括报纸、杂志、剪刀和胶水。让孩子们在报纸和杂志中找寻大写字母“B”和小写字母“b”。如果找对了，再让他们找寻以字母“B”开头的图片。这时，让孩子将他们已经找到的相关字母和图片剪下来，粘贴在那张大而厚的纸上。然后在教室里展示这些字母/图片集。当然，如果孩子还不能灵活使用剪刀，可允许他们用手将字母和图片撕下来，或请大人帮忙。另外，也可以使用蜡笔做记号等方式来完成这项活动。

字母塔

将汽水瓶洗净并擦干。用大而厚的纸将这些瓶子分别包起来，在每个瓶子外面用黑色记号笔写上不同的字母。然后将瓶子摞成一个塔。无需考虑将塔搭成什么结构，我们只需一个靶子而已。让一个孩子站在离瓶塔几十厘米的地方，用沙包或（轻的）小球砸向瓶塔。在他/她捡起瓶子将它们重新搭一座塔时，需要说出瓶外写着的字母。如果该项活动对孩子已没有挑战，增加难度——让他/她辨别某个声音或者以某个声音开始的单词。

环境文字联想

摆放一组环境文字。确保其中的一些文字有着相同的首字母。选择其中一个，展示给大家。要求孩子辨别出该单词的首字母，然后告诉他/她字母的发音。接下来，让孩子们从这组环境文字中挑选出有着相同首字母的文字，并将他们粘贴在大而厚的纸上，悬挂在教室里展示。

小窍门 孩子们会遇到各种各样的字体。有些字体看起来相似，有些看起来很不一样。将你所遇到的同一字母的各式字体剪下来，并保存好。在教授每个字母时，将这些缤纷的书写方式展示出来。

为帮助孩子们熟悉字母表里的字母，为他们设计一些需要运用多种感觉的活动项目。活动从他们所熟悉的字母开始，然后每次专注于1～2个新字母。待孩子们较为熟练之后，逐渐增加活动难度，如要求他们读出含有“辅音—元音—辅音”的单词。

剃须膏活动

在桌子上放置一个餐盘和一瓶剃须膏。向孩子们展示如何摇晃剃须膏瓶，然后向餐盘里喷出一些膏体。允许孩子们手蘸膏体练习写字母。

管道清洁器

向孩子们提供一小桶管道清洁器。孩子们可用一根清洁器弯成一个字母造型，也可以用多根清洁器组成一个字母。

发胶袋

将发胶挤入一个大号自封口塑料袋中。如果喜欢的话，还可以在袋子里放入一些食用色素。将袋口封好，置于平整的桌面上。然后让孩子用手指练习在袋子上写字母。

磁性字母表

给孩子们提供磁性字母和锡箔纸（或者其他的有磁性表面的物体），便于他们做实验。孩子们可用这些字母拼出自己的名字、按字母表顺序排列或者拼出他们认识的单词。

字母物体

在大而厚的纸上，为每个孩子写一个他们正在学习的字母。发给他们一些可用来粘贴并形成这个字母的东西。比方说，如果正在学习字母“J”，发给他们一些珍珠软糖，他们可用这些软糖编排成字母“J”。

小窍门

在活动区角附近，放置一个字母表。鼓励孩子在活动过程中要参照字母表。

流利度

流利度指的是读者能够快速、准确地辨认和阅读文字的能力。它也与读者所使用的习惯表达有关。显然，绝大部分孩子在幼儿园阶段的课堂里无法做到这一点，但是在这个阶段可以开展很多活动，为孩子正式开始阅读之后的“流利度”打下基础。

多样化是生活的本色

孩子们需要从我们这里听到各种各样的文体。对这个年龄阶段的孩子而言，故事书是极为重要的。不过因为不同的文体中会出现不同的词汇、措词甚至表情，所以除了故事书以外，还需要让他们接触其他文体，如长篇故事、非小说类文学作品、诗歌、与其年龄相适宜的杂志或报纸里的文章、连环漫画等。

童谣

一遍遍地反复诵读童谣给孩子们听。这些短小的童谣易于孩子记忆。尽管孩子们往往是从记忆中背诵这些童谣，但这是他们感受语言的自然韵味和律动的开始。

有固定句型的篇章

选择一些有固定句型结构的篇章。在你朗读时，孩子们能迅速捕捉到这些结构，并能在重复的部分中，随着你一起背出来。孩子们总是喜欢听那些被流利地朗读出来的读物。此外，孩子在和你一起诵读的同时，也在练习使用措词和表情。你经常会发现孩子在阅读区，独自一人，用着与你初次朗读时相同的表情在“朗读”这些书。

环境文字联想

收集一组孩子们熟悉的环境文字，将其放在一个包里。邀请一个孩子从包里取出一个单词，面对全班，用这个单词造个句子。然后你尝试用不同的措词和表情重复这个句子。最后请孩子们重复他们认为听起来最自然的那个版本。

小窍门

给孩子们准备一些有声读物，能更加方便他们流利地阅读。

词　汇

我们日常交流中所使用的单词构成了我们的词汇。不断扩大词汇量是提高阅读能力的重要基石，因为我们都知道词汇量和阅读理解能力息息相关。一个孩子的词汇量越大，他/她越有可能在读、写和说中表现优异。

构建词汇

帮助孩子扩大词汇量的一个重要方法是构建一个有着丰富词汇的环境。教小孩子词汇并不意味着你需要将词汇简单化。事实上，为了构建合适的语境、使用合适的方法，我们需要有意识地对自己的词汇精挑细选。如果你感到孩子需要你对某个词汇做进一步解释，不要换用简单词汇，而是应该将相应的解释放在整个语境中。例如，如果你想使用“靴子”这个词，又担心孩子听不懂，尝试以下说法：“他穿上了靴子，也就是雨鞋。”

教具

如果孩子们有机会去“经历”某个词汇，尤其是名词，他们会收获得更多。试着每天给孩子们介绍一个新单词。在制订每周词汇教学计划时，不妨思考那些孩子们不熟悉的词汇。实际上，你应该会考虑，将每天要教授的单词在教学计划中列个清单。

通常，你只需从家里带来一样东西，或者在班级储藏室里找出一个物件，孩子就能对你所教授的词汇有着全新的认识。你所使用的词汇，哪怕是抽象的，也会变得亲切起来，易于理解。例如，假如你朗读的故事里讲到一个小男孩通过双筒望远镜看到的东西，不妨带个这样的望远镜到教室，让孩子们看一看，甚至用一用。带到教室来的物品，一部分可以是寻常或非寻常物品，还有一些最好和以下内容有关：打算朗读的书、学习的主题等。在你出示完教具之后，鼓励孩子们对它展开讨论。让孩子将自己的经历和展示的物品联系起来，会更加方便他们构建词汇。

小窍门

每天大声朗读也是让全班接触和体验词汇的好办法。选择那些语言丰富多彩的书籍。这种方法可以让孩子们感受到在不同的语境和上下文里，词汇是如何使用的。

语言训练

为进行小组活动的孩子们提供语言训练的机会。为此，带一些物品来教室。带来教室的物品可以是任何物件，但如果能将它和孩子们正在学习的东西相联系，那么物件本身会变得更加有意义，相关词汇也能立刻得以运用。符合这种需要的物品如：

- 椰果
- 夹克衫
- 漏斗
- 御寒耳罩
- 松果
- 放大镜
- 打蛋器
- 马蹄铁
- 贝壳

鼓励孩子动用他们的所有感官来感受这些物件，然后描述出他们的感受。将孩子们使用的语言记录在固定的地方。鼓励每个孩子用该物品造一个句子（可以口述也可以自己写下来），然后再给他们一些时间为这个句子画一幅图。

分类游戏

对年幼的孩子而言，理解词汇之间的相互联系具有一定的挑战性。为此，我们可以给孩子们安排一些分类游戏。首先向他们展示几个物品。让他们仔细观察，然后将有着相同特质的

2～3 件物品归为同一类。

另一种分类游戏是只提供物品的名称，要求孩子说出符合某一类别特点的物品名称。有一个好办法可以允许我们在繁忙的课程计划中安插这个分类游戏——在孩子们排队准备午餐之前。你先说出某个类别，如“冷的食物”。然后点名让孩子们排队。每点到一个孩子的名字，他/她必须说出一个属于这个类别的物品名称。如果可能的话，不要重复名称。

物品类别

- 婴儿用品
- 可以通电打开的物品
- 身体部位
- 珠宝
- 可用来阅读的东西
- 让人感觉发痒的东西
- 运动
- 陆栖动物
- 车辆

环境文字联想

展示一串环境文字，询问孩子们是否认得或能否“念出”这些词。然后请大家开动脑筋，想想可以用什么方法对这些单词进行分类。例如可以将属于“食物”的单词分作一类。这也是在通过分类学习词汇间的关联。

理解力

从我们阅读的内容中获取意义是我们进行阅读的全部理由。尽管大部分幼儿园阶段的孩子还无法自主阅读，然而教师仍然可以通过努力来发展孩子对所听内容的理解。

自言自语

在阅读过程中，教师将大脑里的思维活动用语言表达出来，让孩子们听见，这种方式叫“自言自语”。例如，教师一边展示一本书的封面，一边说“翻开这本书的封面，我看见了一个穿着泳裤的小男孩。我想这个故事一定是讲关于他游泳的故事"。用这种方式,孩子们渐渐明白:为了弄明白故事的意思,你做了什么。这样,一年下来,孩子们能学会很多种阅读技巧。当然,你无须在每一页都使用这样的技巧,一本书中使用几次就可以了。

知识关联

帮助孩子从所学的文本中获取意义的另一个好办法是:将现在学的知识与原来的知识建立联系。有两种建立这样的联系的方式:文本与生活;文本与文本。当孩子们建立起这种联系的时候,他们就能利用先前的知识(包括词汇),更好地理解他们所听到的文本。每过几周,就向孩子们演示一次如何建立这样的联系,然后逐渐鼓励孩子们自己去做。

文本与生活的联系	**文本与文本的联系**
一旦孩子们在文本与生活之间建立起了联系,他们就会发现自己所读的和所经历的有着很多相似之处。例如,你可以这么说:"当这个小男孩来到海滨,它让我想起了我自己的海滨时光。当时我在沙滩上堆了一个城堡,结果涨潮了,海水冲毁了我的城堡。"	在文本与文本的联系中,孩子们将他们正在阅读的文本与曾经阅读过的文本联系起来。例如,你可以这样示范:"我们在读《为小鸭子让路》这个故事时,我想起了另一个故事——《寄居蟹的家》。在这两个故事里,动物们都在为自己寻找一个温馨的家。"

环境文字联想

这个年龄阶段的孩子开始注意到故事的结构,这有助于他们对故事内容的理解。让孩子自己讲故事可以帮助他们领会这样一个现象——所有的故事都有开头、中间和结尾。在包里装几个孩子们能认识的环境文字。邀请一个小朋友从包里任取一个单词,然后用这个单词讲一个简短的小故事,故事必须有开头、中间和结尾。

评 估

搜集数据

在对某个孩子实施评估之前，一定要明确评估的目的——是为了分班、测量进步，还是为了制订课程计划。此外，评估应该包括身体、认知和社会交往能力等诸多方面。如果是为了分班的需要，评估会非常简单，如同决定该把孩子放在哪个小组中一样。课程计划评估是决定一个班级或教学项目应该达到的目标，也包括对孩子优缺点的认识。

评估孩子所取得进步的最佳方法是通过观察孩子的行为和保存孩子的作品。在幼儿园的教室里，不宜使用标准测试和成绩汇报单。测量进步时，我们应该关注的是孩子个体，而不应该将其与其同伴做对比。每个孩子，尤其是年幼的孩子，都在按照自己的步调历经各个学习阶段。

何时评估

对孩子的评估通常一年两次。

- 第一次评估应该在新学年开始时进行。这次评估主要显示孩子刚进入你班级时，各方面的能力水平。通过这次评估，你可以为这个孩子量身制订一个教学目标，同时也更加清楚这个班的课应该从哪里开始。
- 第二次评估应该在学年结束时(或在某个孩子转入其他班级之前)进行。通过对比两次评估结果，家长们能够清楚地看到孩子在各方面的发展情况。

作品集

- 作品集展现的是孩子具体真实的作品，其核心是让家长了解到孩子所取得的成绩。通过观看孩子的作品，家长们能够亲自感受到孩子正在取得的进步和成就。
- 作品集除了包括大量的作品之外，作品“日期”是不可缺少的。
- 作品集包括蜡笔画、粉笔画、剪纸、雕塑、书写样本以及孩子工作时的照片。
- 不要将孩子的每一幅作品都收录在其作品集中——只收录那些让孩子感到自豪的，还有那些能显示其专注、创新和进步的作品。

- 在每个孩子的作品集上署上名字，存放在“作品集文件盒”中。将它与你平日使用的美术箱分开放置。

轶闻实录

作品集里除了收录有孩子的习作之外，还应该有关于这个孩子的“轶闻实录”。

- “轶闻实录”指的是在你不带个人评判观点的前提下，如实记录一个孩子的所作所为。例如：“2006 年 5 月 23 日，马特今天用正方形和长方形的积木搭了一座塔。搭完以后，他自己数了积木有多少层。他可以不用他人帮忙，一口气数到 15。”这条“轶闻实录”告诉我们：马特搭建积木塔时只用了两种形状的积木，他能够数到 15。
- 只记录那些可测量的、积极的，并能够对数据起支持作用的进步。

观察

这里的“观察”指的是你对班里孩子的行为进行观察并记录。这样的观察一年应该进行两次。

- 观察与“轶闻实录”有两点不同：给家长呈现信息的方式不同；获取信息的方式不同。
- 观察花费较长时间，它要求你在较长时间段里专注于某一个孩子，对他/她在各方面的能力发展情况进行观察并做记录。
- 为获取准确的评估结论，你需要孩子在你的眼皮底下从事某项任务。
- 记录时，一定不要忽略日期以及孩子在从事某项任务时的年龄。
- 需要记录的还有孩子的成长和能力，包括大肌肉群、小肌肉群、认知和社会情感。

大肌肉群	小肌肉群
• 大肌肉群指的是孩子移动整个身体的能力以及他/她的空间感。 • 大肌肉群或大肌肉群能力还包括以下方面：单足跳、跳跃、蹦跳、奔跑和攀爬。	• 小肌肉群指的是利用和控制手部小肌肉的能力。 • 这种能力对于书写、绘画、着色和剪切都是必需的。
认知	**社会情感**
• 在活动中表现出专注。 • 能完成一项任务。 • 了解课堂程序。 • 能够辨认出形状、色彩，最终能认识字母表里的字母。	• 与同伴合作。 • 和父母分开不闹情绪。 • 尊敬教师。 • 轮流使用玩具。 • 正确使用各种物品。

评估类型

观察式评估有多种操作方式，主要有：核查表、等级量表、频度量表（如“有时”、“经常”、“从不”）以及草表。

核查表

- 核查表评估方式要求你根据核查表的内容，核查孩子是否能完成某项任务。
- 这种评估方式中没有评语。
- 也不能显示能力的发展范围。
- 它只能在以下两种评估中选择一种“是，这个孩子已经掌握了这个技能”和“不，这个孩子还没有获得这个技能”。

等级量表

等级量表评估方式要求你在某个数字（1～5）上画圈，这个数字代表了该生从事某项任务的能力。

- 1：代表该生不会操作某项任务。
- 5：代表该生已经掌握了某项任务的操作。
- 这种类型的评估方式可以向你显示孩子所处的能力范围，也方便你向家长汇报孩子的能力水平，如孩子已经接近掌握了某种技能，还是仍需更多的练习。

频度量表

这一项评估方式允许你依据孩子从事某项任务的频度，作出相应的标记——总是、有时或从不。

- 频度量表比核查表更加机动灵活。
- “总是”、“有时”和“从不”这些范畴给家长提供了更多信息。如我们正在观察约翰尼接球情况。10 次当中他成功接球 4 次。

- 因为约翰尼尚未掌握接球技能，你会在核查表中注明“否”。但是，在频度量表中，你则可以注明“有时”。约翰尼确实还需要继续练习接球，但是，根据你的观察，他有时是能够接住球的。

以下评估表都是范例。第一份用于新学年开始，第二份在孩子即将进入学前班(kindergarten)时使用。

能力发展核查评估量表 1

4～5 岁年龄班(秋季)

姓名:＿＿＿＿＿＿＿＿　　年龄:＿＿＿＿＿＿＿＿

日期:＿＿＿＿＿＿＿＿　　教师:＿＿＿＿＿＿＿＿

请在符合的项目栏后打“√”

社交能力发展		**艺术**	
能正确使用设备		喜欢参与	
尊敬老师		乐于尝试不同媒介	
与同伴合作		**小肌肉运动技能**	
向他人表示同情		能正确使用剪刀	
轮流使用玩具		能正确握住铅笔	
倾听他人		会使用彩色蜡笔和记号笔	
在发展常模范围内与他人共用物品		会使用操控型玩具	
帮助他人完成任务		尝试系鞋带	
能够做出选择		会扣纽扣、拉拉链、按摁扣	
有特别的好朋友		**阅读和数学**	
情绪发展		能辨认自己的名字	
面对新环境充满自信		能在松软的表面上压印出自己的名字	
合理处理挫折感		能辨认出字母表里的字母	
合理处理生气		喜爱故事/听故事	
用言语表达感情		对故事发生顺序有概念	
对以下行为负责		喜爱自己编故事	
• 个人所属物品		爱看书	
• 个人行为/安全		参与手指游戏	
认知能力		能数到＿＿＿＿＿＿	
了解课堂程序		能辨认数字	

续表

用名字称呼老师		**能辨认**	
用名字称呼其他孩子		形状	
对学习表示出热情		尺寸	
能完成一项任务		**社会技能**	
在自选活动中表现出专注		能听从 2～3 个指令	
在小组活动中表现出专注		**语言**	
评语		说话口齿清晰	
		用句子表达想法	
		能和他人进行谈话交流	
		问问题	
		对问题有反应	
		参与小组讨论	
音乐		**大肌肉运动技能**	
倾听		奔跑	
唱歌		快速奔跑	
喜爱乐器		跳跃	
喜爱韵律和节奏		攀爬	
参与小组活动		匍匐前行	
自由玩耍		四肢爬行	
玩益智游戏		用双腿加力荡秋千	
玩智力玩具		骑自行车	
使用积木		双足跳行	
在家庭生活区玩耍		**平衡性**	
喜爱戏剧表演		在平衡木上往前走	
喜爱感觉媒介		在平衡木上可倒退/向后走	
喜爱玩模型面泥		**手眼、手脚协调**	
		扔球	
		接球	
		踢静止不动的球	
		踢正在滚动的球	
		拍球	
		连续击打气球，保持气球不落地	
评语			

能力发展核查评估量表 2

4～5 岁年龄班(春季)

姓名:________________　　年龄:________________

日期:________________　　教师:________________

请在符合的项目栏后打“√”

小肌肉运动技能和言语能力发展		**阅读和语言**	
言语表达清晰		能辨认且书写自己的名字	
固定的用手(左右手)习惯		能辨认朋友的名字	
在使用蜡笔、绘画、剪切和书写时表现出对小肌肉群的控制		能辨认基本颜色	
可以扣纽扣、拉拉链、摁搭扣和系安全带		能辨认大写字母	
正确使用剪刀		能辨认小写字母	
尝试系鞋带		能不按顺序书写字母	
会玩操控型玩具		能辨认同韵词	
社交能力和工作习惯		能辨认字母发音	
和其他孩子自如交谈		能辨认儿童常见字(sight words)	
和其他孩子一起合作		参与小组讲故事活动	
参与有组织的活动		用完整的句子表达思想	
对他人表示尊敬和关心		**非学业活动(enrichment activities)**	
练习自我控制		美术	
遵从教室规则		搭积木	
从事简单的教室劳动		科学	
能展示自信		智力游戏	
在集体活动中表示出专注		喜爱感觉媒介	
参与集体讨论		创意戏剧表演	
能遵照口头指令		玩益智玩具	
能独立工作		音乐	
工作中表示出耐心		在家庭生活区域玩耍	

续表

数学技能		模型面泥	
机械数数			
不按排列顺序辨认出数字			
写数字			
使用序数词(第一至第五)			
说出几何图形			
对比尺寸和数字			
大肌肉运动技能			
身体和空间意识——理解身体是如何运行的,以及身体与周围物体和其他人的关系		中线概念——越过中线和其他物体发生接触的游戏能力	
• 理解“上面、下面、穿过”的含义		横向走	
• 能在个人空间内工作		越过中线击球	
平衡性——预知和保持某一活动处于某个位置的能力		手眼、眼脚协调——协调运用眼、手和脚的能力	
• 在平衡木上往前走		• 低手投球(不过肩)	
• 在平衡木上往后走		• 举手投球(过肩)	
动态平衡性——能保持身体在空中的稳定性		• 向标靶投掷沙包	
• 在蹦床上蹦跳		• 骑自行车	
• 跳跃		• 踢静止不动的球	
• 跳绳		• 踢一个滚动的球	
• 立定跳远		• 拍球	
身体平衡性——能够平稳地、有节奏地运用身体的一侧、另一侧、上部和下部		身体上肢的力度/柔韧性——身体上肢有足够的力量和柔韧性,从而可以独立完成某项任务	
• 用双腿加力荡秋千		• 吊单杠	
• 奔跑		• 只用上肢匍匐前行	
• 快速奔跑		• 前滚翻	
• 四肢着地爬行		追踪——与个人空间以外的人和物一起完成某个任务	
• 双足跳		• 连续击打气球,保持气球不落地	
• 单足跳——右足		• 能接住 1.2 米以外的球	
• 单足跳——左足			
• 横向爬行			
• 四肢并用爬梯子			
评语			

能力发展等级评估量表 1

4～5 岁年龄班(秋季)

姓名：________________　　年龄：________________

日期：________________　　教师：________________

	1 否	2	3	4	5 是
社交技能					
正确使用各种设施	1	2	3	4	5
尊敬老师	1	2	3	4	5
与同伴合作交流	1	2	3	4	5
向他人表示同情	1	2	3	4	5
轮流使用物品	1	2	3	4	5
倾听他人	1	2	3	4	5
在发展常模范围内与他人共用物品	1	2	3	4	5
帮忙做些教室里的杂活	1	2	3	4	5
能够做出选择	1	2	3	4	5
有特别的朋友	1	2	3	4	5
情绪发展					
接触新事物时充满自信	1	2	3	4	5
合理处理挫折感	1	2	3	4	5
合理处理生气	1	2	3	4	5
用语言表达感情	1	2	3	4	5
对以下行为负责					
• 个人所属物品	1	2	3	4	5
• 个人行为/安全	1	2	3	4	5

	1 否	2	3	4	5 是
认知能力					
了解课堂程序	1	2	3	4	5
用名字称呼老师	1	2	3	4	5
用名字称呼其他孩子	1	2	3	4	5
对学习表现出热情	1	2	3	4	5
能完成一项任务	1	2	3	4	5
在自选活动中表示出专注	1	2	3	4	5
在集体活动中保持专注	1	2	3	4	5
艺术					
喜爱参与	1	2	3	4	5
尝试不同媒介	1	2	3	4	5
小肌肉运动技能					
正确使用剪刀	1	2	3	4	5
正确握笔	1	2	3	4	5
会使用彩色蜡笔和记号笔	1	2	3	4	5
会使用操控型玩具	1	2	3	4	5
尝试系鞋带	1	2	3	4	5
能扣纽扣、拉拉链、按揿扣	1	2	3	4	5
阅读和数学能力					
能辨认自己的名字	1	2	3	4	5
能在松软的表面上压印出自己的名字	1	2	3	4	5
能辨认出字母表里的字母	1	2	3	4	5
喜爱故事/听故事	1	2	3	4	5
对故事发生顺序有概念	1	2	3	4	5
喜爱自己编故事	1	2	3	4	5
爱看书	1	2	3	4	5
参与手指游戏	1	2	3	4	5
能数到____________					
能辨认数字	1	2	3	4	5

	1 否	2	3	4	5 是
能辨认					
• 颜色	1	2	3	4	5
• 尺寸	1	2	3	4	5
• 形状	1	2	3	4	5
能听从 2～3 个指令	1	2	3	4	5
语言					
说话口齿清晰	1	2	3	4	5
用句子表达想法	1	2	3	4	5
能和他人进行谈话交流	1	2	3	4	5
问问题	1	2	3	4	5
对问题有反应	1	2	3	4	5
参与小组讨论	1	2	3	4	5
音乐					
倾听	1	2	3	4	5
唱歌	1	2	3	4	5
喜爱乐器	1	2	3	4	5
喜爱韵律和节奏	1	2	3	4	5
参与小组活动	1	2	3	4	5
自由玩耍					
玩益智游戏	1	2	3	4	5
玩智力玩具	1	2	3	4	5
使用积木	1	2	3	4	5
在家庭生活区玩耍	1	2	3	4	5
喜爱戏剧表演	1	2	3	4	5
喜爱感官媒介	1	2	3	4	5
喜爱玩模型面泥	1	2	3	4	5
大肌肉群					
奔跑	1	2	3	4	5
快速奔跑	1	2	3	4	5
跳跃	1	2	3	4	5
攀爬	1	2	3	4	5
匍匐前行	1	2	3	4	5

	1	2	3	4	5
	否				是
四肢爬行	1	2	3	4	5
用双腿加力荡秋千	1	2	3	4	5
骑自行车	1	2	3	4	5
双足跳行	1	2	3	4	5
平衡性					
在平衡木上往前走	1	2	3	4	5
在平衡木上往后走	1	2	3	4	5
手眼、手脚协调					
• 扔球	1	2	3	4	5
• 接球	1	2	3	4	5
• 踢静止不动的球	1	2	3	4	5
• 踢正在滚动的球	1	2	3	4	5
• 拍球	1	2	3	4	5
• 连续击打气球,保持气球不落地	1	2	3	4	5

评语

能力发展等级评估量表 2

4～5 岁年龄班(春季)

姓名:______________　　年龄:______________

日期:______________　　教师:______________

	1 否	2	3	4	5 是
小肌肉运动技能和言语能力发展					
言语表达清晰	1	2	3	4	5
固定的用手(左右手)习惯	1	2	3	4	5
在使用蜡笔、绘画、剪切和书写时表现出对小肌肉群的控制	1	2	3	4	5
可以扣纽扣、拉拉链、按摁扣和系安全带	1	2	3	4	5
正确使用剪刀	1	2	3	4	5
尝试系鞋带	1	2	3	4	5
玩操控型玩具	1	2	3	4	5
社交能力和工作习惯					
和其他孩子自如交谈	1	2	3	4	5
和其他孩子一起合作	1	2	3	4	5
能参与有组织的活动	1	2	3	4	5
对他人表示尊敬和关心	1	2	3	4	5
练习自我控制	1	2	3	4	5
遵从教室规则	1	2	3	4	5
从事简单的教室劳动	1	2	3	4	5
能展示自信	1	2	3	4	5
在集体活动中表示出专注	1	2	3	4	5
参与集体讨论	1	2	3	4	5
能遵照口头指令	1	2	3	4	5
能独立工作	1	2	3	4	5

	1 否	2	3	4	5 是
工作中表示出耐心	1	2	3	4	5
数学技能					
机械数数	1	2	3	4	5
不按排列顺序辨认出数字	1	2	3	4	5
写数字	1	2	3	4	5
使用序数词(第一至第五)	1	2	3	4	5
说出几何图形	1	2	3	4	5
对比尺寸和数字	1	2	3	4	5
阅读和语言					
能辨认且书写自己的名字	1	2	3	4	5
能辨认朋友的名字	1	2	3	4	5
辨认基本颜色	1	2	3	4	5
辨认大写字母	1	2	3	4	5
辨认小写字母	1	2	3	4	5
能不按顺序书写字母	1	2	3	4	5
能辨认同韵词	1	2	3	4	5
能辨认字母发音	1	2	3	4	5
能辨认儿童常见字	1	2	3	4	5
参与小组讲故事活动	1	2	3	4	5
用完整的句子表达想法	1	2	3	4	5
非学业活动(enrichment activities)					
美术	1	2	3	4	5
搭积木	1	2	3	4	5
科学	1	2	3	4	5
智力游戏	1	2	3	4	5
喜爱感观媒介	1	2	3	4	5
创意戏剧表演	1	2	3	4	5
玩益智玩具	1	2	3	4	5
音乐	1	2	3	4	5
在家庭生活区域玩耍	1	2	3	4	5

	1 否	2	3	4	5 是
模型面泥	1	2	3	4	5
身体和空间意识——理解身体是如何运行的，以及身体与周围物体和其他人的关系					
• 理解“上面、下面、穿过”的含义	1	2	3	4	5
• 能在个人空间内工作	1	2	3	4	5
平衡性——预知和保持某一活动处于某个位置的能力					
• 在平衡木上往前走	1	2	3	4	5
• 在平衡木上往后走	1	2	3	4	5
动态平衡性——能保持身体在空中的稳定性					
• 在蹦床上蹦跳	1	2	3	4	5
• 跳跃	1	2	3	4	5
• 跳绳	1	2	3	4	5
• 立定跳远	1	2	3	4	5
身体平衡性——能够平稳地、有节奏地运用身体的一侧、另一侧、上部和下部					
• 用双腿加力荡秋千	1	2	3	4	5
• 奔跑	1	2	3	4	5
• 快速奔跑	1	2	3	4	5
• 四肢着地爬行	1	2	3	4	5
• 双足跳	1	2	3	4	5
• 单足跳——右足	1	2	3	4	5
• 单足跳——左足	1	2	3	4	5
• 横向爬行	1	2	3	4	5
• 四肢并用爬梯子	1	2	3	4	5
追踪——与个人空间以外的人和物一起完成某个任务					
• 连续击打气球，保持气球不落地	1	2	3	4	5
• 能接住 1.2 米以外的球	1	2	3	4	5
中心线概念——与自己个人空间以外的人和物一起从事活动的能力					
• 横向走	1	2	3	4	5
• 越过中线击球	1	2	3	4	5

	1	2	3	4	5
	否				是
手眼、眼脚协调——能同时使用眼、手、脚一起完成某个任务					
• 低手投球(不过肩)	1	2	3	4	5
• 举手投球(过肩)	1	2	3	4	5
• 向靶子投掷沙包	1	2	3	4	5
• 骑自行车	1	2	3	4	5
• 踢静止不动的球	1	2	3	4	5
• 踢一个滚动的球	1	2	3	4	5
• 拍球	1	2	3	4	5
身体上肢的力度/柔韧性——身体上肢有足够的力量和柔韧性,从而可以独立完成某项任务					
• 吊单杠	1	2	3	4	5
• 只用上肢匍匐前行	1	2	3	4	5
• 前滚翻	1	2	3	4	5

评语

能力发展频度评估量表 1

4～5 岁年龄班（秋季）

姓名：________________　　年龄：________________

日期：________________　　教师：________________

A——总是（always）　S——有时（sometimes）　N——从不（never）

社交技能

正确使用各种设施	❑ A	❑ S	❑ N
尊敬老师	❑ A	❑ S	❑ N
与同伴合作交流	❑ A	❑ S	❑ N
向他人表示同情	❑ A	❑ S	❑ N
轮流使用物品	❑ A	❑ S	❑ N
倾听他人	❑ A	❑ S	❑ N
在发展常模范围内与他人共用物品	❑ A	❑ S	❑ N
帮忙做些教室里的杂活	❑ A	❑ S	❑ N
能够做出选择	❑ A	❑ S	❑ N
有特别的朋友	❑ A	❑ S	❑ N

情绪发展

接触新事物时充满自信	❑ A	❑ S	❑ N
合理处理挫折感	❑ A	❑ S	❑ N
合理处理生气	❑ A	❑ S	❑ N
用语言表达感情	❑ A	❑ S	❑ N
对以下行为负责			
• 个人所属物品	❑ A	❑ S	❑ N
• 个人行为/安全	❑ A	❑ S	❑ N

认知能力

了解课堂流程	❑ A	❑ S	❑ N
用名字称呼老师	❑ A	❑ S	❑ N
用名字称呼其他孩子	❑ A	❑ S	❑ N
对学习表现出热情	❑ A	❑ S	❑ N

认知能力			
能完成一项任务	❑ A	❑ S	❑ N
在自选活动中表示出专注	❑ A	❑ S	❑ N
在集体活动中保持专注	❑ A	❑ S	❑ N
艺术			
喜爱参与	❑ A	❑ S	❑ N
尝试不同媒介	❑ A	❑ S	❑ N
小肌肉动作技能			
正确使用剪刀	❑ A	❑ S	❑ N
正确握笔	❑ A	❑ S	❑ N
会使用彩色蜡笔和记号笔	❑ A	❑ S	❑ N
会使用操控型玩具	❑ A	❑ S	❑ N
尝试系鞋带	❑ A	❑ S	❑ N
能扣纽扣、拉拉链、按摁扣	❑ A	❑ S	❑ N
阅读和数学能力			
能辨认自己的名字	❑ A	❑ S	❑ N
能在松软的表面上压印出自己的名字	❑ A	❑ S	❑ N
能辨认出字母表里的字母	❑ A	❑ S	❑ N
喜爱故事/听故事	❑ A	❑ S	❑ N
对故事发生顺序有概念	❑ A	❑ S	❑ N
喜爱自己编故事	❑ A	❑ S	❑ N
看书	❑ A	❑ S	❑ N
参与手指游戏	❑ A	❑ S	❑ N
能数到____________			
能辨认数字	❑ A	❑ S	❑ N
能辨认			
• 颜色	❑ A	❑ S	❑ N
• 尺寸	❑ A	❑ S	❑ N
• 形状	❑ A	❑ S	❑ N
能听从 2～3 个指令	❑ A	❑ S	❑ N
语言			
说话口齿清晰	❑ A	❑ S	❑ N
用句子表达想法	❑ A	❑ S	❑ N
能和他人进行谈话交流	❑ A	❑ S	❑ N
问问题	❑ A	❑ S	❑ N

语言			
对问题有反应	❑A	❑S	❑N
参与小组讨论	❑A	❑S	❑N
音乐			
倾听	❑A	❑S	❑N
唱歌	❑A	❑S	❑N
喜爱乐器	❑A	❑S	❑N
喜爱韵律和节奏	❑A	❑S	❑N
参与小组活动	❑A	❑S	❑N
自由玩耍			
玩益智游戏	❑A	❑S	❑N
玩智力玩具	❑A	❑S	❑N
搭积木	❑A	❑S	❑N
在家庭生活区玩耍	❑A	❑S	❑N
喜爱戏剧表演	❑A	❑S	❑N
喜爱感观媒介	❑A	❑S	❑N
喜爱玩模型面泥	❑A	❑S	❑N
大肌肉运动技能			
奔跑	❑A	❑S	❑N
快速奔跑	❑A	❑S	❑N
跳跃	❑A	❑S	❑N
攀爬	❑A	❑S	❑N
匍匐前行	❑A	❑S	❑N
四肢爬行	❑A	❑S	❑N
用双腿加力荡秋千	❑A	❑S	❑N
骑自行车	❑A	❑S	❑N
双足跳行	❑A	❑S	❑N
平衡性			
在平衡木上往前走	❑A	❑S	❑N
在平衡木上往后走	❑A	❑S	❑N
手眼、手脚协调			
• 扔球	❑A	❑S	❑N
• 接球	❑A	❑S	❑N
• 踢静止不动的球	❑A	❑S	❑N
• 踢正在滚动的球	❑A	❑S	❑N
• 拍球	❑A	❑S	❑N
• 连续击打气球，保持气球不落地	❑A	❑S	❑N

评语

能力发展频度评估量表 2

4～5 岁年龄班(春季)

姓名:________________ 年龄:________________

日期:________________ 教师:________________

A——总是(always) S——有时(sometimes) N——从不(never)

言语能力发展			
言语表达清晰	❑ A	❑ S	❑ N
固定的用手(左右手)习惯	❑ A	❑ S	❑ N
社交能力和工作习惯			
和其他孩子自如交谈	❑ A	❑ S	❑ N
和其他孩子一起合作	❑ A	❑ S	❑ N
参与有组织的活动	❑ A	❑ S	❑ N
对他人表示尊敬和关心	❑ A	❑ S	❑ N
练习自我控制	❑ A	❑ S	❑ N
遵从教室规则	❑ A	❑ S	❑ N
从事简单的教室劳动	❑ A	❑ S	❑ N
能展示自信	❑ A	❑ S	❑ N
在集体活动中表示出专注	❑ A	❑ S	❑ N
参与集体讨论	❑ A	❑ S	❑ N
能遵照口头指令	❑ A	❑ S	❑ N
能独立工作	❑ A	❑ S	❑ N
工作中表示出耐心	❑ A	❑ S	❑ N
数学技能			
机械数数	❑ A	❑ S	❑ N
不按排列顺序辨认出数字	❑ A	❑ S	❑ N
写数字	❑ A	❑ S	❑ N
使用序数词(第一至第五)	❑ A	❑ S	❑ N
说出几何图形	❑ A	❑ S	❑ N
对比尺寸和数字	❑ A	❑ S	❑ N

阅读和语言			
能辨认且书写自己的名字	❑ A	❑ S	❑ N
能辨认朋友的名字	❑ A	❑ S	❑ N
辨认基本颜色	❑ A	❑ S	❑ N
辨认大写字母	❑ A	❑ S	❑ N
辨认小写字母	❑ A	❑ S	❑ N
能不按顺序书写字母	❑ A	❑ S	❑ N
能辨认同韵词	❑ A	❑ S	❑ N
能辨认字母发音	❑ A	❑ S	❑ N
能辨认儿童常见字	❑ A	❑ S	❑ N
参与小组讲故事活动	❑ A	❑ S	❑ N
用完整的句子表达想法	❑ A	❑ S	❑ N
非学业活动(enrichment activities)			
美术	❑ A	❑ S	❑ N
搭积木	❑ A	❑ S	❑ N
科学	❑ A	❑ S	❑ N
智力游戏	❑ A	❑ S	❑ N
喜爱感观媒介	❑ A	❑ S	❑ N
创意戏剧表演	❑ A	❑ S	❑ N
玩益智玩具	❑ A	❑ S	❑ N
音乐	❑ A	❑ S	❑ N
在家庭生活区域玩耍	❑ A	❑ S	❑ N
模型面泥	❑ A	❑ S	❑ N
小肌肉运动技能			
在使用蜡笔、绘画、剪切和书写时表现出对小肌肉群的控制	❑ A	❑ S	N
可以扣纽扣、拉拉链、按揿扣和系安全带	❑ A	❑ S	❑ N
正确使用剪刀	❑ A	❑ S	❑ N
尝试系鞋带	❑ A	❑ S	❑ N
玩操控型玩具	❑ A	❑ S	❑ N
大肌肉运动技能			
身体和空间意识——理解身体是如何运行的,以及身体与周围物体和其他人的关系			
• 理解“上面、下面、穿过”的含义	❑ A	❑ S	❑ N
• 能在个人空间内工作	❑ A	❑ S	❑ N
平衡性——预知和保持某一活动处于某个位置的能力			
• 在平衡木上往前走	❑ A	❑ S	❑ N

- 在平衡木上往后走 ❑ A ❑ S ❑ N
- 在平衡木上越过物体行走 ❑ A ❑ S ❑ N

动态平衡性——能保持身体在空中的稳定性

- 在蹦床上蹦跳 ❑ A ❑ S ❑ N
- 跳跃 ❑ A ❑ S ❑ N
- 跳绳 ❑ A ❑ S ❑ N
- 立定跳远 ❑ A ❑ S ❑ N

身体平衡性——能够平稳的、有节奏的运用身体的一侧、另一侧、上部和下部

- 用双腿加力荡秋千 ❑ A ❑ S ❑ N
- 奔跑 ❑ A ❑ S ❑ N
- 快速奔跑 ❑ A ❑ S ❑ N
- 四肢着地爬行 ❑ A ❑ S ❑ N
- 双足跳 ❑ A ❑ S ❑ N
- 单足跳——右足 ❑ A ❑ S ❑ N
- 单足跳——左足 ❑ A ❑ S ❑ N
- 横向爬行 ❑ A ❑ S ❑ N
- 四肢并用爬梯子 ❑ A ❑ S ❑ N

追踪——与个人空间以外的人和物一起完成某个任务

- 连续击打气球，保持气球不落地 ❑ A ❑ S ❑ N
- 能接住 1.2 米以外的球 ❑ A ❑ S ❑ N

评语

参考文献

Chrisman,K. 2005. The nuts and bolts of discovery centers. National Science Teachers Association. ERIC Document EJ721628.

DeMarie,D. 2001. A trip to the zoo:Children's words and photographs. ERIC Document ED452997.

Friedman,S. 2005. Environments that inspire. National Association for the Education of Young Children on the Web.

Fromberg,D. P. 1998. Play lssues in early childhood education. In *The early childhood curriculum*:*A review of current research*,edited by C. Seefeldy. Columbus,OH:Merrill.

Gartrell,D. 2007. A *guidance approach for the encouraging classroom*,*Fourth Edition*. New York:Thompson Delmar Learning.

Gilbert,J. L. 2001. Getting help from Erikson,Piaget,and Vygotsky:Developing infant-toddler curriculum. ERIC Document ED457968.

Grisham-Brown,J. , Hallam, R. ; Brookshire, R. 2006. Using authentic assessment to evidence children's progress towards early learning standards. *Early Childhood Journal* ERIC Document EJ747265.

National Association for the Education of Young Children Position Statement 1996. Developmentally appropriate practice in early childhood programs serving children from birth-age eight. Washington DC:National Association for the Education of Young Children Publishing.

National Institute of Child Health and Human Development. 2000. Teaching children to read:An evidence-based assessment of the scientific research literature on reading and its implications for reading instruction. Report of the National Reading Panel. Washington,DC:U. S. Government Print Office.

Piaget,J. 1973. The child and reality:Problems of genetic psychology. ERIC Document 089207.

Turner,J. 2000. Parent involvement:What can we learn from research? *Montessori Life*. ERIC Document EJ621992.